JN438256

토르소

시와문화의 시집 015

토르소

김지희 시집

시와문화

■추천의 말

마멸된 사물들을 신생시키는 흰 잉크

김 승 희
(시인 · 서강대 교수)

여성 시를 여성적 경험만으로 규정하던 시대는 지났지만 여성 시에서 여성적 경험과 여성적 영역을 발견하는 것은 즐거운 일이다. 아무리 부정적인 언어로 쓰여진 절망의 상상력이라 할지라도 여성 시는 모유라는 흰 잉크로 쓰여진 언어의 세계라는 생각에는 변함이 없다. 여성 시의 흰 잉크는 사랑이라는 봉긋한 잉크병에서 솟아나와 나날이 낡아가는 지상의 세계와 고갈된 사물들을 적셔준다.

김지희의 시세계에서도 사물을 새롭게 살려내는, 흰 잉크로 쓰여진 통합과 소생의 상상력을 본다. 절망과 고갈과 고독과 분리, 파편화라는 우리 시대 죽음의 일상화 속에서 김지희는 여성 경험 속에 들어있는 소재들을 불러와 메마른 사물들에게 생명과 서사를 주며 그것들을 소생시키고 있다. 메마른 삶 속의 마멸된 사물들을 신생시키는 흰 잉크의 의미 작용-그것이 김지희 시적 언어의 생명력 있는 세계라 하겠다.

가장 눈에 띄는 시는 「여자의 시간을 통째로 넣고」이다. 겨울 저녁에 만두를 빚는 장면과 여자가 달이 되어가는 생명의 이동을 겹쳐서 광채 있게 그려가는 시인데 여성의 여러 경험들, 결핍과 허기, 눈물과 상처, 시간과 사랑과 꿈 모두를 반죽하여 만두를 빚는다.

> ‘제 살 여미듯 다듬은 육류며/ 어둠을 마시는 풀잎/ 달의 큰 통 안에 있는 여자/ 그림자 애인까지 잘 여며/ 피 속으로 끌어안아야 한다/ 자칫 봉제선이 뜯어지면/… 봉제선 사이사이 한 여자의 살점이 묻어나는 것 같다/ 온몸 조각조각 붙여진/ 아내 어머니 며느리 딸… 그 모든 모습들 녹여/ 온전한 한 사람을 빚는다/ 난파된 구름 조각 같은/ 꿈을 한데 모아 만두를 빚는다/ … /무수한 달의 이야기 품은 한 여자를 빚는다’

이렇게 만두 만들기는 그 얇은 피(皮)-봉제선-보자기-조각보와 같이 찢어지고 난파된 조각들을 싸는 통합과 봉합의 상상력과 이어지면서 ‘무수한 달의 이야기를 품은 한 여자를 빚는’ 것이 된다. ‘달의 큰 통 안에 있는 여자’ 라는 이미지가 따뜻하고 아름답다.

「자반고등어를 구우며」나 「굴비」, 「바다마트에서」와 같은 시에서 시인은 죽은 물질들을 의인화(擬人化)시켜 생명과 서사를 부여하는 기법을 능숙하게 활용하고 있는데 그런 의인화의 비유적 기법이 앞서 말한 흰 잉크의 소생의 상상력과 연결되고 있다. 그리하여 '나는, 천 개의 바람 속을 통과하며/ 끝없이 가고 있는 한 줄 시입니다' (시 「실비아 플라스」 중)라고 말하는 김지희의 시적 언어들은 부레처럼 호흡을 조절하며 나아가는 절박한 여성-숨결의 언어가 된다.

|차　례|

■추천의 말

제1부 수은등이 있는 골목

제2부 토르소

제3부 여자의 시간

제4부 가을, 낯선 도시를 헹구다

제1부

수은등이 있는 골목

수은등이 있는 골목

산번지로 통하는 골목 가파라질수록
수은등 그림자 더욱 굽어 있다
출렁이는 바람에
골목 안 창문들 모두 닫히고
플러터너스 홀로 자지러지는 밤
어머니, 수은등 그림자보다 길게
철없는 딸 기다리던 골목은 여전한가

해 설핏해지며 거세어진 빗줄기에
흠뻑 멱 감은 해바라기처럼
움푹 패인 웅덩이에 비친
궁륭처럼 휘어진 어머니 등
어린 딸의 귀가 더디어도
어머니 등은 수은등보다 더 밝다

스무 살의 젊음
낡은 운동화처럼 돌부리마다 채여 넘어졌지만
어머니, 보이지 않는 각 없는 얼굴
눈물 그렁한 모습이 나를 일으켰고
장밋빛 마를 날 없는 무릎의 상처

어머니 입김 한번에 깨끗하게 가셨다
수은등마저 잠든 골목길 들어서면
어머니 그리움 환하게 켜져
하나도 어둡지 않았다

소슬바람처럼
수은등 징징 울어대는 가을밤
어린것 돌아오는 길목 밝히려 서 있는 밤은
왜 이리 길기만 한 걸까
수은등 키를 몇 개 잇대어도 모자랐다

차가운 바람에
자꾸 감기는 기억 속에
골목을 누비며 다니던 낡은 목마처럼
나의 꿈을 태워주던
어머니 뒷모습 새삼 밟히는
밤, 수은등 그림자처럼 길다

올리브나무

-아들에게

비에 젖기도 하고 더러는 작은 새도 앉히면서
먼 길 돌아오던 네 이마 위로
먹구름 흘러내릴지라도
밤 풍경 쓰다듬으며
외로운 세상 용서하며 살자
삶은 어쩌면
무거운 돌 산꼭대기로 밀어 올리기를
끊임없이 반복하는 시지프스일 뿐
우리들이 손에 쥘 것이란
애초에 아무것도 없었는지도 모른다
그래도 한 밤 소주 몇 잔에 취하기도 하고
깊은 생각에 잠기기도 하면서 살다보면
바위처럼 무거운 세상 네 발 아래 있을 때도 오리라
먼 길 오며 잃어버렸던 네 영혼에
다시 푸른 싹 돋아
하늘 번쩍 들어올릴 수 있는 힘이
네 속에 숨어 있음을 지각할 때도 있으리라

오래된 신발

곡우 지나 파리해진 진달래 꽃잎
위태롭게 흩날리는 봄날이다
세상 어둠에 그을리지 않겠다고
십자가 불빛 찾기도 하지만…

수은등 불빛에 그을린 이마 씻으며
가장 낮은 바닥에서 한 생애를 보내신
지천으로 봄인데 까칠해진 얼굴
어머니,
한덩이 찬밥으로도 허기진 마음 채우고
내 사막 짊어지고 굽이굽이 먼 길 오는 동안
뒤꿈치 다 닳고 문드러져도 상처 없는 줄 알았다

아픔의 문수, 그 작은 몸 속에
내 무거운 짐도 싣고, 꿈도 타는 동안
건망증처럼 자신을 잃어버린 어머니, 돌아보니
탄탄대로에서도 걸음걸이가 불편했다는 걸

내 신발 뒤꿈치 다 닳아
평지도 비탈인 길 걸으며 알았다

등(藤)이 자꾸 아프다고 말할 무렵

무녀도 지나 선유도까지 가려 한다
선유도 명사십리 앞바다가 끌어당기지 않아도
생은 이렇게 끌려가고
주머니 속에서는
바다가 우우우 앓는 소리를 낸다
바닷바람이 긴 밤 하얗게 깨어 있게 한다
새의 깃털되어 지나가는 파도는 지난 봄
내가 버린 상처 같은데
한 번도 만난 적 없는
선유도 갈대와 이별한 바다처럼
때로는 사랑보다 이별이 먼저 오고
더러는 기쁨보다 아픔이 먼저 온다
바닷가 물들이는 석양 아래
무녀도(巫女島) 가는 길
무녀는 없다 너를 본적 없으니 만난 사람도 없다
누가 왔다 갔는지도 모른 채
아직 남아 있는 길에서
우리들은 저마다 헤어지고, 만난 사람 없으니
다시는 헤어지지 않는다

포도주

사랑이 포도주라 한다면
바닥까지 달콤할 수 있을까

비어가는 사랑
조용히 목 안으로 흐르게 하면 그만이지

사랑이 진짜 포도주가 되어준다면
마른 잎 져 내리는 저문 들길
밤안개 지나 걸어오는 봄처럼
친밀하게 그렇게 다가오겠지
어둠의 가시관 하나도 아프지 않게
먼 길 지나 새벽 바다에 닿을 수 있겠지

선운사, 동백꽃

선운사 등불 아래 동백꽃은
바람의 울음이니
사랑한다는 것은 온몸으로 그 사람을 아파하는 것이다

그대의 생애를 안는 순간 그 상처를 안게 되고
그렇게 연결됨으로써 세상을 안는다
구멍 숭숭한 그늘 속에 꽃이 피고
그리곤 외로움 속에 모든 것이 연결됨을 안다

제 생 대부분을 동백꽃 같은 불길 하나
가슴에 안고 살던 사람은
밀물져 오는 저녁 동백꽃 툭 떨어지면 따라서 진다

그렇게 꽃그늘 툭툭 떨어질 때
붉은 종소리 머금은 동백꽃은
바람의 묘비 같은 상처로
내 안 꽃을 피우고
내 밖 물들이는 석양의 종소리가 된다

촛불

중세 불빛처럼 조용한 식탁에서 저녁을 먹고
자신의 뒷모습을 설거지하는 나와
화초에 물을 주고 있는 남편과
무관심도 관심인 듯 닫혀 있는
아이의 방문 사이에는 말이 없다
저녁 노을이 많다
그래도
서로를 태운 빛으로 별이 되어 어둡지 않다

향수 만들기

먼저 도시 아파트 현관문처럼 꽉 닫혀 있는
연인들의 가슴을 열어
거기에서 기본 향을 따오는 겁니다
톡 쏘는 장미나 허브 향 같은 새벽 공기를 미량 넣습니다
그리고 세상 팍팍한 골목을 감싸주는
순도 높은 봄비도 첨가하면 좋겠죠
거기다가 오래전 덮어둔 우울한 꿈을 불러오는
여가수의 노래도 한 스픈 가미합니다
또 잠자리, 나비 날아다니는 바다도 넣어주세요
좀더 독한 것을 원하시면
햇살 한 자락 같은
찐한 덧없음의 시도 첨가해보세요
(참고로 물만 넣으면 향기가 빨리 달아납니다)
이젠 플라스크에 넣은 것들을 힘껏 저어주세요
파열음을 내며 한바탕 소용돌이가 일어나도
실패할까 두려워 마세요
25도 정도의 가슴에 보관, 한 오백년 숙성시켜 주시면
용기 맨 위 안개꽃처럼 다가오는 것이 보이지요?

타인처럼 스쳐가는 하루를 여과해

한 방울 한 방울 가라앉혀 보세요

바닥에 고이는 그것이 향수입니다

향수 컨셉은-아무도 돌아보지 않는 가슴에 흐르는 바다의 물살입니다

향수 이름은-내안의 바다, 불혹의 암살,

그로테스크… 어떤 이름이라도 붙일 수 있습니다

당신의 자유입니다

비눗방울

동그라미 밖으로 하늘이 날아간다

그릇을 씻다가
문득 창을 뚫고 들어온
햇살에 이끌려 베란다로 나갔다
손에 묻어 있던 거품을 불었더니
바람에 출렁이는 측백나무 잎새 위에
그 잎새 물고 가는
새 들의 날개 위에
두 개의 무덤을 안고 사는 여자에게

뱅뱅 돈다, 세상이 뱅뱅

동그라미 수만큼 풍경이 늘어난다
동그라미 수만큼 세상이 날아간다

비눗방울 속에 무지개가 있다
잡으러 따라가면 소리 없이 사라지는 세상

동그라마 속으로 하늘이 들어온다

빗살무늬 토기

창밖, 황사 불온하게 배회하는 놀이터
아이들 차올린 햇살이
어둠의 지층을 뚫고
창가에 화살처럼 날아와 꽂히네

정오, 베란다
항아리를 닦던 여자 손에
피를 뽑는 작살처럼 빗살무늬 꾹꾹 찌르네
몸속 환한 상처
얼룩으로 남아 있네

불꽃들이 쏘아대네
태양의 공습은 아직도 끝나지 않았네
흰옷에 찍힌 선명한
빗살무늬 상처 자국
이상하게 하나도 아프지 않네
그 여자 조그만 심장을 에워싼 작은 세상
벼린 칼끝으로 길을 내고 있네
삶은 늘 비탈져 있어도
햇살 닦는 그녀의 손이 환하네

빗속의 첼로

'나는 삶 그 자체를 찍기보다는
내가 원하는 삶의 모습을 찍는다' 라 말했던
사진의 거장 로베로 두아노 전시장에 들어선다
'그가 사랑한 순간들' 을 만난다

이토록 하루종일 비 내리는 날
홍대 KT&G 상상마당 갤러리에서 바라본
레인코트 입은 신사
작은 우산을 큰 첼로에게 씌워 준 채
세상과 함께 흠뻑 젖어 있다
사랑하는 것을 지키기 위해
떨어지는 비를
다 막아주기 위해 안간힘을 써보지만
자신이 턱없이 부족한 것을 안다
그래도 자신을 버리면서까지 지켜주려 했던…
그 소중한 것 하나

당신은 무엇입니까?

책갈피 꽃잎

동백꽃 피네

무심히 오래된 책을 정리하다
로트레아몽 시집 책갈피 속에서 발견한 희미한 옛 편지

나는 듣네
그 여자 작고 둥근 창가 사랑하는 이들
서로 주고받는 평범한 이야기를
들녘의 연기처럼 조용히
삶이 희미하게 지워지려는 저녁
그 눈동자 속 피어오르는 불빛에
고요한 저녁이 술렁이네
바람이 초록처럼 출렁이는 이런 날이면
이따금 만져지는 청춘, 그 정오의 추억
상처 위로 선명하게 찍힌 한 시절도
뜨겁게 껴안으며
그녀의 이야기 물끄러미 바라보네

눈 내리는 날

해질녘 텅빈 겨울이 불어오고 있네요

그대 모자는 구름을 살짝 걸치고 있고
외투는 바람에 흔들리네요
그대는 날리는 눈꽃송이에
나를 향한 얼굴은 눈을 감은 채로군요
강의 물결은 물결끼리 속삭이며
서로 손을 맞잡고 가네요
은행나무 부부는
해마다 튼실한 자식을 주렁주렁
한 오백년 변치 않고 그대로인데요
박새들 깃을 높이며 푸드득 체온 흩어지고
앉아 있던 오동나무 가지에 온기를 남겨두네요
그런데 그대의 입술은
사랑이 있는 풍경이란 말과 한몸 이루면서
가슴은 열려져 있지 않고 단추로 꽉 채워져 있네요
눈꽃은 도시 건물 메마르고 견고한 것들을 덮어주고
찬 손의 연인들 바싹 붙여 서로 겨울을 견디네요
석양을 헤치며 저녁 향기가
깊고, 어둡고, 묵묵히 그리고 노래처럼 오네요

폭설 내린 날 에스키모 얼음집처럼
따스한 집들이 가로등 사이로 솟아오르네요
그대와 가까워질 수 있는 계절이 온 건가요

새벽, 겨울 풍경
–시 쓰기

내 안 어둠의 시간을
바다 속처럼, 내 언어가 깊이 묻어 있는
절망이 응시하는 그 시간을 사랑하네

창 밖 겨울 풍경은
마치 내가 세상에 없는 듯
물안개로 지나가지만

겨울 가로수 끝에 걸린 새벽별처럼 나는,
그 속에
무한히 넓은 삶이 있음을 보았네

폼페이 시인의 집 앞,
낯선 곳에서 영혼을 잃어버린 듯
어둠 속을 뒤지고 있는 검은 고양이
가로등 불빛 아래 솟아오른 골목 끝
그 가장자리에서도 따뜻한 등불 피어나는 집

나 어두운 시간

한 무더기 별 모양의 유홍초 가득한 정원처럼
장미가시에 찔려 죽은 릴케,
생인손처럼 맑은 아픔으로 깨어 있네

새벽

–슬픔

내 방에 노크도 없이 들어와 앉은
그는
오래된 사원의 깨진 지붕 사이로
비 긋는 사원이 된다
허공을 찍어대는 날선
독충이 살고 있는 그러나
미물 하나 죽이지 못하는

깊은 밤,
그의 내면에 불빛 한줌 비추지 못한
내가 차갑게 안은 건
그가 아닌, 한밤중
부릅뜬 눈빛만 남아
새벽을 기웃거리는
나로부터 도망가고 싶은 나였다

기차
–사랑

한 여자는 우주가 순간에 만들어졌다고 믿는다
사랑이 우주라 한다면 순간이란 걸 믿는다
간이역을 지나는 12월
세상은 터널처럼 길고 어두웠으나
혼란스러운 의식의 한가운데 창밖 겨울 풍경을 스치는 찰나,
네가 들어왔다
한순간 빛은 내 안에 들어와
바다와 땅, 새와 물고기, 태양 별 달을 만들었다

빛이 없는 것은 아니었다

제2부

토르소

동사무소 가는 길

5월 이사 와서 받은 재산세가 터무니없이 나왔다 종이에 0 하나 더 붙었을 뿐인데 이렇게 무겁다니… 잘못된 숫자 고치러 동사무소 가는 길 사방 둘러보아도 길 물어볼 사람 아무도 보이지 않는다 햇볕 환한 세상 한가운데서 나는 맹목이 된다 어디쯤인가 내가 서 있는 이곳은 생의 한복판 생의 주소는 어디에 있는 걸까

나는 디오게네스 등불을 들고 인터넷 세상 속에 있는 축구 영웅, 티뷔 속 미모가 1등인 스타를 응원하며 타인의 시간을 쌓고 있는 사람들 왁자지껄한 곳으로 접어든다

동사무소는 보이지 않고 거리엔 온통 숫자로 가득하다

책 제목은 99%의 사랑, 흘러나오는 노래도 그대를 만나기 100미터 전, 사람들 대화는 아파트 몇 평으로 바꿀 것인가 55세란 숫자의 무게에 눌려 있는 회사원 월급은 몇 %나 감봉되었나 추상적인 개념들도 모두 숫자로 말을 한다 아이의 지능은? 올해 물가지수가 얼마? 불쾌지수가 낮은지 높은지 심지어 미국 의사 맥두걸은 영혼의 무게가 21그램이라고 한다

울퉁불퉁 가로질러 와 봐도 내 발보다 자라는 속도가 몇 배나 빠른 세상

쇼윈도에 걸린 다운자켓 가격표에서 문득 0 하나를 떼고 싶다

복잡한 숫자 돌고 돌아 나오자 비로소 펄럭이는 깃발이 보인다

문 열고 들어서자

생의 좋은 때를 풀칠하기 위해 동사무소에 들어간 20대 직원은 쉼표와 숫자 속에 은폐되어 있는 생의 주소를 꺼낸다 나는 몇 줄 숫자로 생이 규정되어 있을 뿐인 종이 한 장을 받는다

재산서 고지서 속 숫자가 작아지면 나의 생도 한층 가벼워질까

종이 한 장 속에 숨어있는 생의 주소! 아직도 실종 중이다

고등어 한 마리

도마 위에 바다 한 마리 있다

사내는 바다를 향해 서슬 퍼런 칼을 대고
조림용으로 토막내고,
구이용으로 패대기쳐 반을 가른다
그 피 냄새에 죽어가는 바다는 숨을 헐떡인다

노량진시장에서 만원어치 사온
검은 비닐봉지에 담겨진 한 마리 바다

내장이 잘려나간 몸을
프라이팬에 굽는다
벌어진 입에선
검은 폐기름 주룩 흘러나온다
푸른 물결 사라진 눈동자
다시 뒤집자 몸통이 갈라지고 부서진다
속속들이 깊은 상처로
제 고향으로 돌아갈 수 없는 바다
삶 저쪽 비애가 유리 접시 위에 담겨 있다

잘 차려진 저녁 식탁
우리는 죽은 바다를
입가에 환한 미소 띄우며
더 많은 힘을 키우기 위해선
많이 먹어야 한다고
씹을수록 맛이 난다며
오독오독 죽음의 바다 속뼈까지
남김없이 맛있게 먹는다

식탁 위 깨어진 지구본 사이에서
조각난 별처럼 육지에도 죽음이 쌓여간다

바다 한 송이

글 한 줄 써지지 않는 날
세상 반대쪽으로 돌아앉고 싶은 날
기울어진 어깨와
이름 석자 허공으로 날려 버리고 싶어
한 송이 바다를 찾는다

저렇게 눈부신 목련의 탯자리도
빙벽이었구나
겨우내 빙벽에 떠밀려 간 마음
물오른 목련가지 당겨 올린다

지느러미 속에 숨겨진 봄
깊은 바다 속
한 마리 퍼덕이는 숭어처럼
햇볕을 산란한다

거친 세상 꽃물로 번진 저 목련 한 송이!

소래, 파시의 저쪽

한 방울 비 내리지 않는
내 안의 가뭄 견딜 수 없을 때
갯비린내 떠들썩한 바다나 실컷 들이킬까

소래 가는 길
아스팔트 위에 섬 하나 떠 있을 뿐
세상은 방향을 보여주지 않는다
한참을 헤매다
마음 속 안개를 가로질러 바다에 닿는다

퍼내도 퍼내도
다시 싱싱한 갯비린내 쏟아붓는 파도
불면인 채 고깃배 지키다 왔어도
짠맛을 잃지 않은 갯바람처럼
오래된 폐선의 상처를 덮으며
어화 밝혀 밤바다에 길 하나 낸다

북한산 비봉

지상의 한 모서리 추운 사막 마음밭에
길들여지지 않은 산 하나 세운다

일기예보에 속을 때가 많다
궂은 비 내린다던 어제는
짱짱한 햇살에 속고
햇볕 짱짱하다던 오늘은
내리는 소나기에 뒤통수 얻어맞는다
늘 앞뒤 헷갈리는
혼란투성이의 생을 달려와
북한산에 도착해
젖은 산을 오르며 몇 번이나 미끄러져 내린다

나의 출발 지점은 어디쯤이었을까
높은 정신의 삶까지 가본 적 없는 나는
흠뻑 비 내려 슬픔에 젖고 있는 산을
견디는 일도 잘 몰라
땅 아래 평평한 곳에서도 힘들다고 소리치며
살아가는 일이
돌부리에 걸려 다치는 일이었는데

높은 정신의 암벽 위에서
몸 하나로 세상의 상처 받아내는 비봉
나뭇잎처럼 헛발을 딛고 있는 나를 일으킨다

사라지지 않는 빛
-노무현 대통령

당신이 떠나던 날
내 마음 안쪽까지 빗줄기 구죽죽 내렸다

당신이 밀짚모자 눌러쓰고
풀 한 포기 자라지 못할
기득권의 척박한 땅을 개간해
소통의 숲길 만들고자 할 때
나는 화장을 고쳐가며 침묵하고 불편해 했었다
당신이 사람 사는 세상,
연등처럼 이마에 걸고 외로워할 때
나는 몇 방울의 졸음을 떨어뜨리며
내 욕망의 땅에 엉겅퀴를 키우고 있었다
이런 나에게도
부엉이 바위 아래 피투성이 되어
진실한 절망으로 손을 내민 당신

당신이 떠나고
경찰버스보다 더 높은 벽이
삶의 그림자로 드리워진 밤

모난 돌에 찢겨진 당신의 향기 한 올이
아파트 높기만 한 창 꼭꼭 닫아걸고
봄날의 허기진 마음으로 잠들어 있던
내 삶의 무심함을 흔들어 깨운다

바위처럼 부서지지 않는
당신의 한 줌 푸른 빛
차가운 아파트 높은 벽에,
젖어 있는 이 땅에 울려퍼진다

토르소

–시 쓰기

얼굴도, 가슴도 없이
몸통뿐인 모습이 민망하다

유럽 여행길에서 만난 이방인 친구
사지 다 잘리고
머리마저 날아간 불구의 토르소가
루브르 박물관, 고대 문명으로 가는 길 지키고 있다

얼굴이, 가슴이 잘려나간 그의 언어는 어디 있나

어둠을 뒤집어쓴 저녁,
묘비처럼 외롭게 웅크리고 있는 글자들

밥벌이도 할 수 없고
가슴에 꽂혀 있는 갈고리도
빼내줄 수 없다
세상 어둠의 빗장도 열지 못한다

캄캄하고 고요만 깊은데…

홀로 새벽을 밝고 있는
저 영혼의 썩지 않은
곧은 칼 한 자루!

봉천동, 우물

스물하고도 몇 해 전이었을까
방목한 겨울비 내려 더욱 가파라진 봉천동 고갯길 공동우물에서
추운 줄도 모르고 불빛에 젖어
두레박 가득 찰랑거리는 꿈을 퍼올렸지
물동이 가득 담은 달빛 따스한 샘 사라지듯
그 갈래머리 쫑쫑한 처녀 사라지고
언덕길 오르기 숨찬 여자 앞에 고층 아파트만 버티고 있네

그 꿈 퍼 올리던 소녀는 어디로 간 걸까
물결에 찰랑거렸던 봉천동 우물가 달빛 아래서
어둠을 헹구며 한없이 물어 봤지

갈래머리 쫑쫑한 희망들이 반짝이던 옛 골목
흙길 걷어내고
넓고 차가운 아스팔트 환하게 불밝혀도
맑은 하늘 한자락 보이질 않네
골목길 아무리 좁아도
속의 바다 환하게 볼 수 있던 하늘에

황사바람만이
몽당연필만큼 남은 기억 위에 흙비를 뿌리네

올려다보기 목 아프도록 자꾸 올라만 가는 고층 아파트
굳어진 얼굴 차가운 몸으로
재잘거리던 계집애와 아낙들
북적거리던 우물터 누르고 있네

황사바람 견디고 있네

잡을 수 없는 무지개를 띄운 봉천동 뉴타운은
주소 불명!

북한산, 굴참나무

소한날 아침 북한산 가는 길
굴곡지고 패인 어깨를 추스르고 있는 수도사가 따뜻하다
쉽게 한 걸음만 내딛으면
겨울 댓바람의 추위와 눈발 속 빠져드는
발목 건질 수 있을 텐데
겨울바람 속에서
자신의 내면 소리를 듣던 수도사들이
맨손으로 현을 켜 얼어붙은 겨울을 녹인다
좀더 헐벗어야 할 욕망들이 바람에 휘청일 때마다
밥그릇 버리고
의자도 버리고,… 자신마저 버린 채

영혼 깊이 옹이 박혀 있는 욕망을 떨구고
절제된 옷깃의 침묵을 여미고 있다

강풍 몰아치는 벌판 온몸 얼음 덮여와도
물러서지 않는 그의 기도는 근엄하면서 매섭다
하늘을 등에 걸고

다 떨어져 내려 빈 손만큼 깊어진 세상
보이지 않는 곳에 잎맥 간직한 채
푸른 우듬지를 키운다

큰가시연꽃

관곡지 연꽃 군락
악어의 입 깊은 곳에 박힌 어둠처럼
끝이 보이지 않는 관곡지 진창길
더 이상 가지 못하는 여자에게
온통 큰가시 돋힌 연꽃이 등을 내민다
힘없이 주저앉으면
땅거미 캄캄한 밥 되지만
날선 가시들 품어 안을 때
마을로 가는 길 열린다고
진흙탕 속에 혀 대신
심장이 말하는 큰가시연꽃은
밤의 어둠을 가시게 하는 촛불이다
바람소리 몇 섬 근심 몇 되
제 심장 아래 층층이 쌓아올려
아프면서 꽃 피워내 저리 밝고 눈부신가

온몸으로 낮고 축축한 길 사랑하며
검은 혀 너머에서 피어나는…

까마귀 나는 보리밭

수천의 검은 새떼가 비처럼 쏟아진다
새떼는
바람 몰아치는 보리밭 휘감고 돌아나와
상 레미 언덕 정신병동 고흐에게 날아들더니
고흐의 뇌수를 뚫고
그의 눈동자 속으로 날아들어 간다
그러더니
가슴을 파고 나와
경련하는 그의 입속으로 날아들었다
콧속으로 귓속으로
쏟아져 내린 심장 속으로
열어놓은 구멍마다
하염없이 날아드는 새떼들은
검은 날개 속에
고흐의 온 몸을 깊숙하게 파묻어버렸다

봄밤, 깊을수록

전정가위의 몰인정한 손길
가시 돋힌 봄볕의 공세로 꽃은 지지 않는다

풀빛 번지는 비탈길
만개한 산목련은
제 무게 이기지 못하고 떨어진다
화려한 산목련 진 뒤
작고 단단한 꽃씨 여물듯
나의 처녀는
순은의 가슴 저 깊은 곳
찌르는 상처로만 깨어난다

토란 잎에 떨어지는 빗소리로
묵은 마음은 옷을 갈아입는다
먹구름 하늘 낮게 내려놓아도
은빛 새들의 무수한 비상만큼
하늘 열리고
밤 깊을수록
아픈 상처 저 안쪽에서 새살 돋는 소리
봄의 종소리 더욱 맑게 울린다

연가

얼음의 도가니에 들어도
너와 함께라면
세계는 영상 5도의 우윳빛
비록 우리들은 작지만
물과 수소가 하나 되어
금강석이 되듯
눈보라와 사막이 덮지 못할
길이 된다

황토가마 속 불길에 들어도
당신과 함께라면
서늘한 포플러 그늘을 이룬다
아무리 짙은 어둠이 둘러싸도
새벽을 가리키는 빛을
숙명처럼 읽는다

물 건너 고개 넘어
먼 길 지치지 않고 함께 가는…

쌍사자 석등

누가 저 어둠 깊은 능선에
꺼지지 않은 등 하나 옮기고 있는 걸까

초가을 속리산
돌난간에 기대어 햇살 쪼는 새 몇 마리
웃음 환하게 펴져도
사막을 건너는 낙타처럼 나는 가고 있다

산그늘 짙게 드리운 법주사 앞마당에 들어서자
우주를 들고 서 있는
두 마리 쌍사자 석등이 반긴다
뼈와 살이 떨어져나가도
울음 하나 없이 수천 년을 견디는
저 수만 근의 적막
경전 밖의 경전이다

저녁 어스름 캄캄하게 지워지는 길
빛을 버린 석등 하나 환하게
길 밝히고 서 있다

연필을 깎으며

제 몸보다 큰 아이 가방 속에
어른들이 구겨 넣은
숨차게 올라야 할 계단을 깎아내고
성적표 꺼내기에 여념 없는 한 여자를 밀어낸다

밀려오는 파도의 살결에
한쪽으로 쳐진 아이의 어깨를 씻고
단단한 심 드러나면
졸음에 겨워 삐뚤빼뚤 흔들리는
아이의 길 흔들리지 않도록
등대 불빛처럼 밝게 다듬는다

연필을 깎는다
아이의 필통 속에 은빛 새들 비상의 꿈들로 가득 차
푸른 하늘 날아오르도록 입김 불어넣는다
한쪽으로만 숫자로만 기울어져 가는 교과서 밀쳐내
고
멀리 바다에 닿는 길
쓰고 그리도록
단단하고 곧은 심 드러내게 한다

정전, 촛불 하나

상도동 철거지역 아이들 벌판 같은 가슴 속
촛불 하나 있어 어둠 속에서도 타오른다

어둑한 저녁
철거반 쇳소리처럼
낡은 슬레이트 지붕을 때리는 빗소리뿐
아이들만 남겨져 있는 집
담벼락에 철거반장이 붙여 놓은 안내장
젖은 채 어두워진다
상도동 재개발 앞마당에 심은
아이들의 꿈
새로 들어선 뉴타운아파트가 빈 틈 없이
가리고 있지만

라일락 향기 밟고 있는 아이들의 붉은 꿈
강제 단전으로 당신은 막을 수 없다

감나무

앞마당에 감나무 한그루 심고 싶어
감나무 등불 켜는 가을 오면
그 등불 아래서
에밀리 디킨슨 만나고 싶어
그 시인
심장에 등불 하나 켜고
그녀 읽으며
내 영혼에도 등불 밝히고 싶어

풍경 소리

나 한 개의 풍경 소리

어스름 저녁
그대 무심 바다보다 깊은 날

말간 하늘 가슴에 모셔와
살과 뼈를 깎아낸 심연에
빛살 같은 울음 새기네

허공을 메우는 풍경 소리에 영혼을 씻고
목마름도 모르는 물고기 되고 싶네

가을 비

-시 쓰기

만추에 내리는 빗소리가 팍팍했던 골목을 깨운다

원고지를 메운 글들이 불빛에 젖은 채
허사로 흘러내린다
새가 하는 말 하나 알아듣지 못하다가도
이런 날에는 마지막 남은 구절초 잎의
떨림마저 다 감지된다
밤새도록
무수한 칼질로 생긴 언어의 상처를 딛고
내 안의 강물로 일어선다

새벽, 한 줄 언어로
초겨울에 세상 한복판을 감싸는 코트처럼
사나운 물빛 가득한 가슴 데운다

옛 골목 지나며

가지런한 여인 뒷모습 닮은 국화 향기가 나를 끌었다 수더분한 꽃은 몇 번이나 유명을 달리했다 환생했을까 두부장수 종소리만큼 맑았던 하늘이 지금은 여위어 고층 아파트 꼭대기에 아버지의 낡은 회색 삼베옷처럼 걸쳐져 있다

밥 타는 냄새 가득 깔려 있던 골목, 아이들과 왁자지껄 고무줄놀이, 술래잡기놀이 하다보면 해가 언제 떨어졌는지… 어스름 저녁 노랫가락에 취해 절름거리며 밀려오는 땅거미 뒤로 고등어 한 마리 손에 들고 오시는 아버지, 닳은 구두 뒤축이 보였다 그때 낡은 구두는 삶이 고무줄놀이가 아닌 땡볕 아래 돌처럼 뜨거워진 길을 걷는다는 것이란 걸 알지 못하고… 그 어둑어둑한 골목 아래 아버지 등걸 무겁게 짊어진 낡고 배고픈 풍경 속 봉긋하게 펴지던 딸의 가슴

유년의 내 몸속 골방은 녹슨 못처럼 구부러진 고요가 선명하게 박혀 있는 골목 모퉁이에 있어 아무도 보이지 않았다 아버지 어깨 위 무겁게 짊어진 노을만큼 높게 올라온 아파트 베란다 창을 두드리는 수천 개의

빗방울 나를 깨우기 전까지 내 슬픔 다독이며 재우고 있었다

나는 일어나 옛 골목 지워진 기억을 더듬으며 걸었다

유년에 뛰놀던 운동장 같은 아버지 어깨 보이지 않고 아버지 등 뒤 낡고 허름한 풍경만이 도시 속 쳇바퀴 빙빙 도는 지친 내 어깨 감싸 일으키며 동대문스케이트장에 잠긴 언 손을 녹인다

폭설

이 좁은 마당으로 다 받아낼 수 없는
저 외로움

설거지를 하고 차를 마시고,
눈사람을 만들고,
써지지 않는 원고지를 들여다보고

치워도 치워도
내내 눈은 내리고
오늘따라 초인종 소리 하나 없고

그래서 뭐, 사방천지 외로움이 날려
이 땅에 너보다 외롭지 않은 것들 없으니

제3부

여자의 시간

시인의 집

–정지용 시인 생가를 찾아

한 줄 시를 허사(虛辭)라 여기는
봄비 생각이 움펑한 가슴에 부서지는 4월
옛사랑 찾아서 옥천에 왔다
토담으로 둘러싸인 초가집 굴뚝 연기
꿈길로 사라지고
시인의 향수에 취했던 얼룩백이 황소도
옛날 이야기처럼 보이지 않는다
청춘의 한 페이지 속에 있었던… 그를
까맣게 잊고 살았다

초가집 앞 실개천 흐르는 소리
천연히 들리는 저녁
봄비 그치고
사립문 앞 너럭바위 지나
우물가 담장 밑
다소곳한 장독대를 돌아 나온다
말의 샘물 그토록 용솟음치던
그를 만난다는 설레임

가슴속에 묻어둔 문장들이 왈칵 쏟아질 것만 같다
그러나 토담 벽에 옥수수, 이삭, 조롱박만 흔들릴 뿐…
시인은 외출중이다
스무 살, 캄캄했던 심장을
푸른 언어로 안아주었던 시인
저녁 어둠에 발이 젖는 줄도 모르게 걸어온 나는
문득 호수 위에 써내려간 그리움을 읽는다
순간 뼛속으로 숭숭 별빛이 들어온다

저 마을 밖 그를 기다리는 잔별들도
어둠의 힘으로 환하게 웃는다

비만한 영혼을 꺾어 푸른 물에 얹는다

어제까지 멀리 지평선이 만져지는 평지였던 것이
자고 나니 하늘을 가린 명사산이 솟아 있다
모래바람 앞을 가로막아
갈 길 아득하고
짐이 너무 무거워 내 마음조차 버리고 싶다
닿아야 할 청해호(青海湖)*는 멀고
보이지 않는 길이 여행자의 시간을 끝없이 늘인다
내가 나에게 가지 못하는 몸속 길을 얼마쯤 왔을까
홀연히 황량한 사막 한가운데서
새소리처럼 푸른 호수를 만난다
모래바람 하늘과 통하더니
비로소 명사산 너머
나라를 잃은 채 떠도는 티벳 사람들이 보인다
폭염에 지친 바람의 눈도
속도의 불편 속 비명이 묻은 자동차 소리도
청해호 앞에서는 맑아진다
물꽃 향기 소리에 멈추어 서서
목적지도 모른 채 나를 끌고 다녔던 길을 내려놓는
다

도시 한켠 햇볕을 혼자 다 먹어치웠는지
123층의 거인으로 쑥쑥 자라난 제2롯데월드,
나를 차갑게 내려다보던 저
문명과 한없이 멀리 떨어진
투명한 물 속
바람을 물들이는 하늘빛 영혼의 풀 하나 쥐고 있는
티벳 여자와 마주친 나를 본다
한 번도 내가 주인인 적 없이 다녔던 백화점
결핍에 허덕이는 몸을
빛나게 해줄 거라 믿으며 사들인 옷들은
한없이 푸른 물빛 앞에서
무거운 짐이 된다
땀 닦을 수건 하나
한 자루의 연필과 종이 몇 장
그리고 마음을 담을 고요한 저 호수 하나로도
영혼을 채우는 데 부족하지 않다고…
뜨거운 고독 한가운데 모래먼지 삼키며
거친 꿈의 한 면을 손질해 주는 호수
몸속 내 바닥까지 환하게 볼 수 있었으면 하고
노을처럼 부끄럽게 물든

내 비만한 영혼을 꺾어 호수 속 푸른 물에 얹는다

먼 길에서 돌아와 마시는 찻잔 속
명사산에서 만난 사막유채꽃 향기가 오래 감돈다

*티베트와 접경을 이룬 중국 칭하이성에 있는 염호(鹽湖). 해발 3000미터로 주변에는 사막과 초원지대가 교차한다.

폼페이, 시인의 집

여행 며칠째
베수비오 화산 폭발로 폐허가 된
폼페이에 들어서자
흐린 담배 연기처럼 사소한 시대의 상처가
잠들지 못하고 허공을 베고 있다

바람이 쓰러진다
사랑이 무너진 이 시대의 눈동자 속에 하염없이…

제 심장에 방화한 시인
그 '시인의 집' 에 시인은 보이지 않는다
몇 시간을 기다렸을까
나는 어둠의 호각소리를 들으며
뭉클, 어디선가 만져질 듯
시인의 심장을 찾는데…

콜로세움 화염 속으로 뛰어든
검투사의 함성 소리,
돌아보면 시는
검투사의 칼날을 잡은 심장이다

마니차를 돌리다

높은 곳에 서면 내가 잘 보일 것 같은 육교도
밝은 햇살 통해야 하는 지하도도 없는 그곳
티벳 유목민 마을에서
아무것도 쥔 것 없이 손등이 굳어 있는 한 여자
팔에 불거진 힘살 굽이치며 마니차를 돌린다
그 눈동자 산초 열매처럼 빛난다
잘 모른다고 하는 것은
경전을 넘어 진리와 통하나보다
나는 비만의 영혼을 가지고 있으면서도
불안의 소리들을 이야기하려고
프로이트의 정신분석을 밤새 읽는다 그래도
나를 깨울 수 없는 어둠,
풀리지 않은 꿈을 안고
자동차 속도에 밀려
누구 의지로 가는 길인지도 모르는 길을 간다
어지쯤 생은 와 있는 걸까
유목민 마을에 지친 몸을 내려놓는다
여행중 헝클어진 삶을 손가락으로 쓸어올리며
까만 손과는 다르게 눈이 깊고 맑은 여자를 따라
나도 마니차를 돌려본다

'옴 마니 반메 훔' 몇 번을 돌렸을까
티끌보다 더 겸손하게 돌아가는 세상
영혼 없이 머리로 많이 안다는 것으로 결코
진흙 속에서 연꽃을 피우게 하지 못한다는 것을…
티벳 유목민 마을
연꽃 툭툭 깨어나는 소리를 안고
또 다시 나를 건너가야만 할 길 있어
길 없는 길 떠난다

*티벳인들은 마니차를 한 번 돌리면 불경을 한 번 읽는 공덕이 쌓인다고 믿는다.
마니차를 돌릴 때 '옴 마니 반메 훔'이라고 읊조린다. '온 우주(옴)에 충만하여 있는 지혜(마니)와 자비(반메)가 지상의 모든 존재(훔)에게 그대로 실현되리라'라는 뜻.

봄날에 격투하다

추운 봄날 인사동에 있는 음식점 '여자만' 앞에서
나를 만났다

눈을 가늘게 뜨고
바람의 묘비란 찻집 지나
혼자서 어둠을 먹는 여자 지나
갇혀 있던 새장 속의 새 지나도록
아무 말 없이 걷기만 하는 당신
시간을 뚫고 나가는 길
한 무더기 꽃과 같은 불빛은 찬란하기만 한데
나는 당신의 가슴께를 맥없이 부딪친다
심장의 뼈에 금이 갔는지… 욱신
그래도 당신은 태연하게 나를 앞서간다

심장이 아파하는 소리에 연고를 바르지만
여전히 아물지 않은 나,
갑자기 피맛골 주점으로 데려가더니
혼자 연거푸 비우는 술잔
마음 깊은 곳까지 흐르지 못한 술은
한 소절 유행가 가사로 쏟아지고

서로 쓰다듬을 수 없어 울렁거리는 속
그래 마셔요 그 어떤 파도가 온다 해도
심장에 부딪치지 못하는 이 밤
당신이 자꾸 슬퍼 보여
그건 우리가 부딪친 술잔의 문제만은 아닐 텐데…

그랬지요 오래 전부터 당신,

배가 고파 저녁 풍경을 먹어치우고
제 심장에 방화하고
거울 속 낯선 이의 얼굴을 그리고
누군가의 슬픔 하나로 맨몸을 데우며 그렇게
그렇게 흔해빠진 세상을 질주하다
뭉클, 벽 너머의 당신을 보았지

그런 나에게 참 많이 화가 나 있었으며
때론 미워도 했다는…
늦은 밤, 세상 어둠을 고소한 냄새로 들려줘야 한다며
참기름 듬뿍 담은 봄나물을 가슴에 넣고 있는 당신!

카이코라 바다의 고래

뉴질랜드 카이코라 바다 한가운데,
너를 만나러 온 길
수평선 툭툭 끊고 달려가는 고래는 사라졌고
카이코라* 바다를 삼킨 커다란 꿈은 아무도 본 적 없어
그 꿈 만날 수 없다고 사람들은 말하지만
나는 너를 꿈꾼다

배를 타고 얼마쯤 흘러왔는지
한차례 파도가 일자
어제 먹어치운 어둠의 풍경 탓만은 아닐 텐데
울렁거리는 속,
파도가 밖으로 나가고
슬픔이 나가고
모래바람을 물고 있던 여자가 나가고
울퉁불퉁 제 맘대로 생긴 분노가 나간다
얼마나 더 울렁이는 것들 내 안에서 빠져나가야
푸른 바다를 삼킨 고래 한 마리 만날 수 있을까
세상 한가운데서
괜찮다 괜찮다 고통을 토닥이는 순간

몇 가닥 햇살이 이마 위로 흘러내리고
물결무늬 사이로 바다를 삼킨 고래의 길이 보인다
그 길 따라 오는 카이코라 바다 풍경을
찰칵, 찍으면 거대한 고래도 내 손안에 들어오리라

*카이코라는 고래의도시, 거대한 야성 고래가 살고 있다는 바닷가 도시. 뉴질랜드 남섬 최대의 도시인 크라이스처치 부근에 위치하고 있다.

몽골 시편

–실루엣을 걸친 사막

실루엣 그대로의 모래언덕은
감춰진 것 없어 더욱 뜨겁다

오만한 여행자는
모래먼지 세차게 불어오자
외형의 포만을 꺼내 입지만
낙타는 모래밭을
맨발로 걷는 뜨거움으로
비만하게 껴입은 생각을 벗는다

한나절 생 같은 저녁이
따글따글 익어가는
사막은,
일그러진 신기루를 벗기는 불의 바다

모래사막 낙타처럼 가며
비만한 여행자는
귀걸이와 목걸이 벗어놓고
닫혀 있는

삶의 단추도 열어 놓는다

오아시스 불의 바다로 일어선다

몽골 시편
–만달고비에서 만난 낙타

이정표 버리자 비로소 열리는 길 한가닥

사방 막혀 있는 높고 풍요로운 아파트 숲 떠나
맑은 바다 출렁이는 신기루에 이끌려
몽골로 떠난 지 며칠째
낙타의 눈은 고비사막 건너는 동안
지워진 길에서
여행자인 나를 앞세울 뿐
좀처럼 나침반이 되어주지 않는다

낙타는 나를 보고 사막을 찾는다
모래알 같은 날들 며칠씩 곱씹어도
입안에서 물 한 방울 나오지 않는다
짐을 꾸린 가방 속에는 척박한 일용할 양식,
개척하지 않아 늘 그대로인 황량한 일상의 짐들 가득 차 버겁다

며칠을 달려가도 사막엔 길이 없다
덜컹거리는 무거운 짐을 메고 한나절을 가도 가도

반도 달려오지 못한 고비사막
내 목마름은 바닥을 보여
등에 짊어진 작은 신음 소리조차 내려놓고 싶은데
낙타는 한 방울의 물도 삼키지 않고 숨어 있는 힘으로 사막을 건너간다

눈앞에 보이는 그럴듯하게 꾸며진 세상은 곧 사라지고 말 것이라는 듯
한낮 땡볕이 절망으로 깊어져도
자기 몸속에 자라난 사막 짊어지고 가는 낙타의 눈에서
문득 길 한가닥 읽는다

모래 한없이 잘게 부스러뜨리며 햇볕을 밟고
뜨거운 세상 걸림 없이 가는 저 수행자!

이마에서 떨어지는 한 방울의 물 만달고비를 적신다

몽골 시편

-고비사막

헝거리 엘스 쥽친 캠프에 있는
모래산 가는 길
난폭하게 질주하는 모래바람
주머니 속 송곳 같은 마음
갈아엎지 못하고 바스락거린다
바닥까지 목마른 삶을 건너온
꽃 한송이
모래시간 속 반나절 건너와 목이 마른
내 그림자를 흠칫 비틀고 있다

고비사막을 지나며
어제 쌓았던 것
오늘 허물어뜨리는 모래바람을
낙타의 눈처럼 깨어 통과해 간다

몽골 시편
-우브랑가이

안개 자욱하게 덮여 있는 문명을 지나
한 줌 햇볕에 뜨거워지고
밤 이슬 한 방울에
죽음보다 더 깊게 차가워지는 우브랑가이를 만난다

이웃 마실 한번 가는데
낙타나 말을 타고 달려가도 삼박사일
서둘러 가야 할 이유 없어 책 한권 없이,
사막 물들이는 태양 아래
막막한 생애를 넘어가는 유목민 여자
세상 맨발로 살아가도
달리의 그림처럼 거울 속 일그러진 영혼 볼 수 없다

어제 바벨탑처럼 높게 쌓은 모래성
하룻밤 사이 모래바람에 흔적 없이 날려보내고
소유해야 할 것도
잃을 것도 없는 신기루 평지로 바뀌는 몽골사막에서
일그러뜨려진 얼굴, 뿌옇게 보였던 영혼을
깊은 오아시스처럼 투명하게 건져낸다

몽골 시편
–사막

새들은 하늘을 갖지 않은 채
차동차 바퀴 아래 낮게 앉아 있다
높이 날지 않아도 삶은 이루어진다

말들과 독을 품은 파충류와 새들,
의심 많은 사람까지도 한 가족으로
그들은 키재기의 욕망을 세우지 않고
발바닥에 깔려있는 초원에서 삶을 뜯는다

가도 가도 끝없는
고비사막의,
필사적인 질주
달려온 거리와 달려가야 할 거리가
언제나 그 자리인
무위(無爲)만이
지친 집시의 마음에 새살 돋게 한다

늘 한 점으로 존재하며
거리의 덧없음을

먼지로 날려보내는
사막은,
막혀 있는 영혼을 열어준다

서울 오딧세이
–한강 아라뱃길

중국 스모그에 취해 있는 저물녘
하루 동안의 안일한 무사고가 다행인
물빛에 비친 아파트들은 뜨겁다

차가운 물에 무릎이 잠긴 고수부지를
힘차게 달리는 사람들 숨이 가쁜지
젖은 안개처럼 흔들린다
불완전한 저녁 풍경 속 사람들이
스모그의 커다란 입 속으로 자꾸 빨려 들어간다
하늘을 찌를 듯한 빌딩 숲은
한 줌 남은 해를 붙들고 위태롭게 물 위에 떠 있고
팔 뻗으면 손 안에 쥐어질 것 같은 남산타워는
흐린 강물에 구겨져 던져진 채
일어서려 애쓸수록 더 깊이 물속으로 빠져든다
눈을 달지 않는
유람선 뱃머리만이 물보라 피어나는 무지개를 달고
빛이 닿지 않는 물속 깊이를 헤아리며
등불 정박중인 빛나는 세상 향해가고
중금속 걸러내느라 앙상해진

잠수교의 패인 다리가 흐린 물속 허우적거린다
불에 데인 사과처럼 뜨거운 노을 아래
제자리를 지키고 있는 건
큰 교회의 첨탑뿐
이웃들을 흐린 강물 속으로 떠밀며
바쁘게 하늘나라행 티킷 사려 한다

집으로 가는 길 한없이 멀어지는 저물녘
철새들만이 흐린 스모그를 헤치고
강 건너 도시 밖으로 간다

강물 유속 빨라지자
더 어두워진 가을 하늘 한 꾸러미씩 손에 쥔 채
목적지를 상실한 사람들
붉은 스모그가 삼키고 있다

감포, 일박

감포 앞바다 민박집
수정처럼 단단한 폭염 창가에 꽂히네
머물렀다 갈 마음 앞서서
점점 커지는 빗소리
나 돌아갈 길마저 지우고 마네
길 지워져
고립된다 해도
감포, 대왕암
천년 넘어 신라의 말 지켜오듯
생이 살아온 흔적조차 없는 건 아니겠지
또 흔적조차 없으면 어때
지붕에 떨어지는 빗소리
해조음 냄새 가득한 이 공간
전기선 끊어져도
나에게 흘러가지 못했던 영혼의 말들이
마음에 손댈 수 없는 고압 전류로 흐르는데

저녁 창가,
모딜리아니의 파란 눈의 모자를 쓴 여자처럼
목을 길게 빼고 있는 빗줄기

막다른 골목길 같은 가슴속
영혼의 잠을 하나씩 깨우네
낯선 거리를 헤매다 온 바람 같은
시가,
심장 같은 어둠이 나를 물끄러미 내려다보네

겨울, 덕유산을 읽다

대설주의보 내려
산 아래로 닿는 길 끊긴 날
가파른 바위 등 이어서 향적봉 오르는 숲길은
더욱 환하게 열린다
주목나무 가지 눈꽃이
겹처마 속 얼어붙은 마흔 여자에게
한 군데 머물지 말라고 등을 떠민다

매서운 바람 앞에
한 발자국도 물러서지 않는 덕유산 올라가다
바람벽 기대고 있는 나무를 본다
사방엔 얼어붙은 빙점뿐
덕유산 숲길 겨울바람 매섭게 불어
언 발 통증처럼 저녁이 올 때
문득 앞을 오르며 뒤를 버리지 못한
새의 울음이 선명해진다

푸르게 얼어가는 새의 울음
텅텅 주목나무 가지를 흔든다
흔들리며 푸른 집을 짜는 겨우살이가

얼음 속에 갇힌 겨울 햇살 풀어
마흔 적막한 시간을
환하게 열어 놓는다

수입상가를 나와

이제까진 읽어온 책 단 몇 줄도
삶의 갈피에는 끼워져 있지 않다

일곱살 되던 해 엄마 손을 잡고가다
손을 놓치고 길을 잃었을 때처럼
남대문 수입상가로 통하는 미로는 혼란스럽다

살 것들은 너무 많은데
살아보지 못한 것들이 가득 쌓여 있는 길을
우울하게 바라본다
샤넬 핸드백 가게와
이태리산 수입 옷가게를 지나자
루즈가게 안젤리나 졸리의 미소가 나를 유혹한다
안젤리나 졸리의 손을 잡고
루주를 바르며 전신거울 속
낯선 여자를 바라본다

시장상인들의 고달픈 하루가
먼지처럼 쌓여가는 오후
몇 바퀴나 미로 속을 헤매다

하라주쿠산 가방을 집어 옆구리에 걸쳐보지만
여전히 낯설다

층계를 오르다 저쪽 유리벽을 통해 매장 안에
갇혀 있는 나를 발견하고
값을 지불하려 하자
아무것도 산 것이 없는데 지나온 삶이
호주머니 속에서 댕그랑거린다

만족스럽게 산 것 없는 나는
미로의 시간 빠져 나와 고서점에 걸려 있는
'에밀리 디킨슨' 의 영혼을, 산다

땅끝 마을

해남 농협 앞에서 버스를 탄다
웃으면 주름이 씰룩거리는 사내와
여자의 농익은 농담을 들으며
차창 밖 한 500년도 넘었을
느티나무 늘어진 조그만 동네 지나
종점에서 내린다
땅끝 딛어도 세계의 끝 만져지지 않고
팽팽한 바다만이 한 폭 던져져 있다

고샅길 옆 싸리나무로 엮은 담장 사이로
햇살 무더기로 피어나기 시작하는 오후
내 안 고샅길 지나며
곱게 빗은 어머니 가르마처럼
시원한 길 없을까 둘러보니
간소하게 사는 마을이 보인다
맨발의 바다 앞
방안엔 아무런 장식 없고
하루 보내기에 족할 책 몇 권
헝클어진 머리 쓸어내릴 빗 하나
종이, 연필 그리고… 바람 좋은 저녁

뒷밭 부추 꽃냄새 진동하는
방 한 칸 얻어 살아도 좋을 여기에
마음 하나 부려놓고는

버릴수록 더 멀리 갈 수 있다는
보길도행 막배에 올라
땅끝 저 너머 또 다른 나에게로 간다

장항선, 축축한 영혼

장항선 열차
빈 들녘 지나 산모퉁이 돌고 돌다
사람 하나 없는 텅빈 역에 멈춰서고
나는 선반 위에 있는 슬픔 하나 가만히 꺼내들고 가네

낯선 곳에서 주운 때 묻지 않은 바람이
멀리 까치놀 타는 황해의 갯비릿내가
헛바퀴처럼 제자리를 돌고 있는 삶을
내려놓으라 말하네
가던 길 멈춰 서서
그 누구와도 교접하지 않은 흙으로
그믐달 같은 새벽에 나를 새로이 빚어 보겠네

낮고 축축한 곳에 뒹군 영혼만이
우리를 새롭게 할 수 있는
금가버린 영혼의 틈
비로소 메울 수 있음을 알겠네

제4부

가을, 낯선 도시를 헹구다

가을, 낯선 도시를 헹구다

한잔 노동이 넘실대는 부엌에는
여자의 일생이 부조되어 있다

엄마 허벅지 베개 삼아 달게 잠들었던 소녀가
캄캄해 보이지 않는 새벽 어스름
잠든 아이의 꿈자리를 지나
슬그머니 부엌에 나가 불을 켠다
문득 완전한 어둠 속에 던져졌던 세상 한 곳이 환하다
옹이 박힌 가슴으로 숭숭 새는 물소리를 잠근다
부엌 속에 갇혀 맵고 짜고 달고
가슴 바삭바삭 타는 소리 너머
나는 세상으로부터 아주 멀리 떨어져 나온
존재하지 않은 가을이었다
부엌에 앉아 작은 상을 성좌처럼 펴고
나의 언어를, 별을 찾다가 웅크린 어깨선이
어느 파도에 부딪혀 무너지는지 속이 거북하다
살다 남은 시간을 쪼개고
찬 손을 비비고
싱크대 속에 갇혀 몇 년째 속앓이 한 냄비를 닦고

예리한 어둠에 그을린 낯선 도시를 헹구며
깊은 수심(水深) 속에 기둥을 세우고 국을 끓인다
파, 시금치 온통 날것인 것들이 불꽃으로 저를 살라
새로운 맛을 낸다
모든 사랑의 고통의… 뉘우침으로
한 그릇을 위한 부엌의 노동엔 어떤 해석도 필요치 않다
성찬식 밀떡처럼 작은 평화를 입에 물고
부조의 문을 밀고 나와
식구들의 잠든 귀를 깨끗하게 여는 저 폐경기의 새벽!

겨울바다를 통째로 굽다

바다는 지루한 겨울을 씻어낸다
낡은 목조의자가 삐걱이는 바닷가
두 여자가 마주앉아
허름한 저녁을 들고 있다
밥그릇 속엔
눈물에 해당하는 가파른 언덕이 펼쳐져 있고
여자들의 풀 향기 같은 공허가
국그릇에 깊은 심연처럼 고여 있다
창밖, 어둠 가득 고여 있는 곳
주인은 하루하루 풀어내는 삶 밖으로 나가 불을 켠다
마른 침묵 속 추위에 움츠린 가등이 일렁이며
하얗게 젖은 빛을 토해낸다
바닷바람 속에서
두 여자는 살아온 허기를 채우려는 듯
조기 몇 마리 더 구워낸다

소주 몇 잔으로
허름한 저녁이 도도해질 수 있을까
두 여자는 겨울바다를 통째로 구워내며

그 내음
백두대간까지 피워 올린다

봄볕에 동백을 내다걸다

입춘 맞으며
옷장 깊이 구겨져 있던 꿈들,
겨우내 쌓여 있던 옷들 밖으로 내다건다

눌린 가슴 불룩하게 감싸주고
좁아져 있던 어깨 봄바람에 헹궈 활짝 펴준다
주머니 여니 지난 겨울
제주 모슬포 앞바다에서 만난 동백꽃 몇 잎
중생대 화석처럼 압착되어 있다
겨울바람의 찬 손 뿌리치며
붉게 타는 가슴 파도에 던지던
동백꽃 따스한 상흔 얼룩으로 남아 있다
굴곡 심한 시간의 무늬 촘촘하게 박제된 옷들
눈물로 빨아도 향기는 더욱 깊게 배어든다
그 상처들 활짝 펴 빨랫줄에 걸면서
눈 내리는 세상
제 몸 살라 꽃 피우고
봄 오면 아낌없이 자신마저 버려
무성한 잎으로 그늘 만드는
동백 화석을 가만히 바라본다

말갛게 내려앉은 봄볕으로 어둠을 헹구며
식구들 남긴 잔해에 묻혀
목 위까지 올라온 얼룩만 지우려 할 뿐
내 안 붉은 그늘이 고요처럼 깊어지는 것이 싫은데…

겨울 한복판 온몸 던져
검은 파도 물마루 자르던 동백처럼
멀리 가는 향기
문득, 가슴 위에 피어나
내 안의 상처들 소중한 손님으로 맞는다

여자의 시간을 통째로 넣고

잘 만져지지 않는 겨울 끝자락
설핏한 해 달래며 만두를 빚는다
허기진 저녁을 채울 만두 빚으려면
각각 따로 노는 것들이 없도록
제 살 여미듯 다듬은 육류며
어둠을 마시는 풀잎
달의 큰 통 안에 있는 여자,
그림자 애인까지 모두 잘 여며
피 속으로 끌어안아야 한다
자칫 봉재선이 뜯어지면
자식들 환한 이마 돌보느라
책 한권 읽을 수 없는 시간이 잘려 나간다
찬바람 숭숭 새는 문풍지,
거친 파도 목젖까지 차오르던 삶
잘 여며 주시던 어머니 보자기처럼 꽉 싸매야 한다
껍질과 속을 구분해서 먹으면
고비고비 넘어온 사람살이 맛까지 없어진다
영혼을 채워주지도 못한다
구멍 난 양말 같은 시대에
계산하고 재는 연인들 가슴 속 열어 보면

깨진 유리조각처럼 상처가 알알이다
유리에 새겨진 모자이크 사랑보다
통째로 쏟아 내는 사랑을 위해
온몸 사르는 불을 지핀다
꿰매진 사랑 그 조각보를 볼 때마다
봉재선 사이사이 한 여자의 살점이 묻어나는 것 같다
온 몸 조각조각 붙여진
아내 어머니 며느리 딸… 그 모든 모습들을 녹여
온전한 한 사람을 빚는다
난파된 구름 조각 같은
꿈을 한데 모아 만두를 빚는다

꽃샘추위로 풀리는 여자의 시간을 통째로 넣고
캄캄한 가슴 적셔주는 별빛으로 속을 채운다
한 남자와 아이들이
꿈의 풍선 터질 때까지 힘껏 불어
여자의 속 부풀고 부풀다 결국 울음 되어 터질까봐
겨울 밤 흩어진 여자들을 모아
훈훈한 향기 가득한 만두를 빚는다
무수한 달의 이야기 품은 온전한 여자를 빚는다

방

여자는 계속 자라는 결핍을 매우려고 돌아다녔다

그 결핍을 메우기 위해 모란시장을 무시로 드나들며 끊임없이 물건을 사들인다. 발아래 무성한 그늘 우수수 떨어뜨리고 있던 여자는 모란꽃다발을 사며 파란 숲의 웃음을 덤으로 받는다 느티나무 그늘에서 한 번도 쉰 적 없다는 주인 여자는 한낮의 어둠을, 대낮의 환한 밤을 팔며 나무 그늘이란 가게에서 종일 땀을 흘린다 몇 시간을 홍게처럼 세상 헤맸을까 생은 순간이라고 말하는 카메라를 산다 찰칵, 낙산사 풍경을 찍으면 목마른 세상 출렁이는 바다도 손안에 들어오리라

어스름 저녁, 포장된 진주 귀걸이, 빨간 립스틱, 삶에 심지를 담아서 켜야 할 등불도 한 초롱, 로트레아몽 시집 말도로르의 노래까지… 산 것들이 손에 주렁주렁 달렸다 한 손으로는 빵 속 강물이 발아래로 쏟아지지 않도록 끌어안은 채 잘 포장된 아스팔트 위를 여자는 겨울 강물처럼 흘러간다

복도를 지나 환하게 새어 나오는 불빛, 자신의 방 속

으로 총총 들어가기 위해 여자 속에 있는 장롱, 여자 속에 있는 화분, 여자 속에 있는 책, 여자 속에 있는 바다, 여자 속에 있는 해와 달, 여자 속에 있는 로트레아몽, 여자 속에 있는 바람을 찢고 날아 오르는 새 들을 뒤적인다 오래토록 그 여자 밖에서 잘 보이지 않는 영혼의 비밀 열쇠를 꺼낸다

부드러운 송곳

너무 많은 것들이 허리를 잡고 있다
서랍이 열리지 않는다

그대에게 뱉고 싶은 말 빽빽하게 담아놓은 편지
백통째 부치지 못하고 잉크가 말라버린 만년필에
청춘도 가죽나무 껍질처럼 걸려 있다

조바심이 난다
내가 생각한 것 절반도 아직 다 말을 못했는데
말라버린 로션 병에 입술도 갈라져 간다
아직 다 읽지 못한 책 하나가
명치끝에 걸려 파열음을 낸다

다시 당겼다 밀어본다
작은 서랍 속에는 절망할 것들이
얼마나 더 많이 남아 있는 걸까

다락방의 창문처럼 열리지 않는 서랍
예리한 송곳을 넣어
개봉되지 못한 영화 같은 이력서를 찢는다

불임중인 밀봉된 민들레 꽃씨 봉투가
모서리마다 튕겨 올라와 마른 상처로 터진다
나뭇결이 벗겨진 서랍에서
아직도 꿈이 목처럼 긴 여자를 꺼낸다

저 예리하고 미세한 봄볕이!

사막을 건너는 저녁

저녁놀 비낀 그림자는 제 키보다 크다

해질 무렵 아파트 놀이터
학원에서 돌아오지 않는 아이를 기다리다
모래에 박힌 기둥 흔들리는 철봉에 매달려 본다

철봉에 거꾸로 매달려서야
한 여자가 제대로 보인다
계단 끝 아득하게 서 있는 그 여자의 그림자들이 밟혔다가
넘어졌다 다시 일어서는 것이 보인다
세상을 향한 삶의 통로가 보이기 위해선
천개의 바람을 통과해야 한다는 것

영화 한편 보자고 한낮에 전화 줄을 타고 온 동창
때론 그 개봉 시간에 맞춰 달려가고 싶지만
풋풋한 아침에는 식구들 출타 준비로
온 몸 다 닳도록 밥 푸는 주걱 되어야 하고
한낮에는 온 집안 헤매는 청소부로
바닥에 엎드려 있는 부서진 꿈을 쓸어 담아야 한다

등이 굽은 밤이면 다시 여자가 되어야만 하는
젖은 솜처럼 머리가 무거워진 순간
개봉관 영화시간은 지나가 버리고

어둠에 가려 잘 보이지 않는 여자
밤바람 불어 식어가는 가슴에
등불 하나 걸어 둔다

자반고등어를 구우며

바다를 뒤집는다
파도치던 시간만큼
바다는 팽팽해지고 짭짤한 맛이 든다

한때 선홍색 혓바닥으로
싱싱한 바다를 빨며
붉은 아가미로 파도의 말 삼키던
푸른 바다를 뒤집노라니
그 여자를 삼키려 들던
외포리 바다가
흰 배를 드러내며 엎어진다

등이 굽히고
구워지지 않는 전생을 뒤집으면서
어깨에 걸터앉은 어둠을 태우고 있다

푸른 바다를 길들이는 여자
여자의 고여 있던 시간이 뒤집히고
그 여자를 묶고 있던
좁은 서랍장이 보석함이 뒤집히며

갑갑한 상자 같은 집에 짭짤한 맛이 고인다

여자 등 뒤에 감추어져 있던 숨은 바다가 일어선다

개심사 까치밥

동지 지나 문득 올려다본 하늘, 빙벽으로 된 무지개 하나 걸려 있다.

놋쇠대야 속 살얼음 틈으로 보이는 금간 하늘이 조각조각 갈라져 좀처럼 합쳐지지 않는다. 한 하늘이 회전목마처럼 새벽녘 끝자락 잡고 일어나 벌집 같은 머리 빗질할 사이도 없이 뜨거운 압력솥 밥을 고봉으로 퍼 담는다. 다시 굽은 등 펼 사이도 없이 선인장처럼 아이들과 남자의 가시를 품에 안고 책가방과 넥타이를 챙기는 여자의 눈썹이 여러 개로 갈라진다. 구두 뒷굽처럼 닳아 점점 낡아져가는 놀진 하늘, 저녁 들어 잠시 쉬며 커피 잔에 여자 자신 만의 삶 한 스푼 타서 마시려는 순간 문틈으로 들어오는 찬 겨울바람에 온기 잃은 남자 손이 여자의 가슴을 말도 없이 찔러 여자는 바람처럼 온몸이 휘어진다. 놋쇠대야 속 여자의 얼굴이 무수한 조각으로 나뉘어 파문이 인다. 한 얼굴로 살아갈 수 없는 여자의 날들이 버거워 대나무 속처럼 텅 비워 버리고 싶을 때면 여자는 훌쩍 개심사 찾아간다. 가파른 돌계단 다 올라오자 바람 불어 무성한 잎 다 지고 여윈 가지 위에 달랑 남은 까치밥이 여자의 눈과 마주친다. 바지랑대 끝에 올려진 연등처럼 흔들리는 까치밥 한 알, 돌계단 숨차게 올라와 비워져버린 영혼의 어지럼증 같다. 아니 쓰라림과 분노의 웃음 같기도 하다. 잠시 움직임 멈추고 눈 내리는 길목 지워져 버린 나뭇잎 보니 그 뒤로 까치 몇 마리 한 알의 따스한 감꽃 피워낸다. 감꽃 사이로 햇살 쏟아져 내려 눈 속에서도 봄은 붉은 연등으로 피어나 고통으로 가득 차 슬픔보다 빛나는 여자의 꿈 안쪽 환하게 밝힌다.

개심사 까치밥 한 알 속에 절 한 채 잘 지어져 있다.

*개심사: 충남 서산 상황산 아래 있는 사찰.

굴비

점심 밥상에 올라온 굴비 한 마리
묵언 수행하고 있다

봄날, 부엌에서 부글부글 끓는 냄비 뚜껑처럼
꽃샘바람에 창틀이 흔들리고
햇볕 들썩이는 길의 혀가 시끄럽다
달그락거리는 기명,
덜덜거리며 맞물려 도는 세탁기,
과일 행상 목쉰 외침, 선거 연설차 스피커…
온통 내로라하는 소리들이
말없이 홀로 있는 여자를 두렵게 한다
말문을 터줄 친구를 찾아
세상 한쪽 더듬거리며 전화를 걸지만
두드리면 모두가 부재중이다
그런 봄날은 밥상에 앉은 굴비가 친구다
제한의 발끝을 매만지는 말의 울타리에 갇혀
집 밖이 온통 어둠에 묻혀 있을 때
굴비의 묵언이 뜨겁게 만져진다
젓가락 삼지창 삼아 맨살 저며도
소리 없이 부드러운 살 내밀고

입속 깊숙이 손을 넣어 아가미에 짠 소금을 뿌려도
깊고 단 맛 돌려주는 굴비
말을 넘어 뜨거운 것 건네준다
세상 둥둥 뜰 수 있는 부레마저 꺼내도
뼈 속 어딘가에 있던 출렁이는 바다를 꺼내주는…

환하게 불 켠 작은 부엌에서
몸까지도 침묵하며
바다의 깊은 언어를 길어 올리는
굴비를 보며 뜨거운 침묵을 삼킨다

새끼줄에 묶여 있던 굴비가
퍼내도 퍼내도 마르지 않는 바다를 안듯
여자는 제한의 창을 넘어
어둠에 잠겨 있는 세상 한끝을 연다

두 여자

물안개 낀 거울
낯선 여자가 나를 보고 있네
입속 모래바람 가득 채운 채
사막을 가로질러 온 듯
화장기 하나 없는 여자가 서 있네
세상 한가운데 원하지 않은 방식으로
위태롭게 서 있는 여자
손 흔들며 나를 부르지만
벼랑 아래 그녀 건져줄 동아줄
내 안에 아무리 찾으려 해도 보이지 않네

두 개의 코 두 개의 입 두 개인 머리
그 두려운 여자 온종일 피해만 다녔네

마른 수건으로 가슴 문지르면
희미한 물방울 지워지는 대로 사라지는 그 여자
손 내밀어 잡아주려 해도
헝클어진 부엌살림
쓰다만 원고지 몇 장
가을 가기 전 시들고 말

산국 몇 송이 돌보는 일에 묶여 있는 그녀
늘 반 뼘이 모자라네
내 안의 뜨거운 손 그녀에게 닿기에는…

배암

그 여자와의 친분은
끊을 수 없는 뫼비우스 띠
울부짖는 파도
차가운 비늘을 번쩍이며
내 숨소리, 움직임, 종일 나를 감시하며 내
생각을 엿듣고 나를 암살하려 하네

그 여자의 예리한 혀를
만질 수 있다면!
그토록 무겁고 조용하고 어두운
여자

내 머리칼을 어루만지며
나를 사랑하고 내 목을 조르는

가까이 다가갈 수 없는 내 영혼

책

노을이 여자를 읽고 있는 저녁 어스름
언제부터 그 여자
도서관에 꽂혀 있었는지 몰라
세상 어디쯤에 꽂아 둔지도
언제 끼워 둔지도 몰라
세상, 성게처럼 헤매던
한 여자
몇 페이지 넘기지도 못했는데

아무도 그 여자 처음부터 끝까지 읽은 적 없고
자신조차 다 읽어내지 못했는데
폐관 시간은 점점 가까이 다가오네

바다마트에서

기를 쓰며 살려고 한 것은 무엇인가

수초들 사이 몇 걸음 더 가면
산란할 수 있는데
어부의 그물에 걸려 알 가득 밴 채
바다를 다 안지 못한 굴비
매듭으로 묶여 있다

무감동인 광고의 성찬 속에 주저앉아
대어를 찾느라 분주한 여자에게

지금 달콤한 것들은
날카로운 이빨과
보이지 않는 전생까지 다 먹어들어가
한줌 부스러기로 보수할 길 없는
위태로운 마음 만든다고
날선 비늘로 짠 소리 하는 바다
풍성한 세상 속에서
정말 필요한 것들은 광고 전단지 밖으로 던져져
시들한 채 버려져 있고

바겐세일에 편승하여 산 불필요한 물건들이
여자를 무쇠로 빚은 추처럼 짓누른다
무거운 짐 내려놓고

굴비 한 죽 집어 들자 깨어나는 바다
죽은 줄 알았던 여자 일으킨다

홍도, 풍란

몇 년 만에 개화했을까 홍도에 핀 커다란 동굴 하나

한창 푸르른 7월
바다가 있는 낡은 사진첩 속 추억을 흔들며 나를 찾으러 왔다
홍도에서
가문비나무처럼 심장을 찌르던
그
사랑을,
함부로 버렸던 소녀를 만난다
봉숭아 손톱에 물들인 소녀의 머리카락이
바람에 흩날린다

바다에 걸린 수평선이 여린 나뭇가지처럼 부러질 듯
삶 그 어디쯤에서 멀미를 하며 온몸 뒤척이는 동안
허공에 뿌리를 내리고도 저렇게 싱싱한 미소를 짓는
꽃 같은 저,
섬 위에 있던 소녀

어둠에도 눈이 부신 노을을 안고 얼마쯤 걸어왔을까

뒤돌아보면, 뱃길보다 먼저 저만치 간 낯선 여자가 있을 뿐
그 소녀는 어디에도 없다

저녁 어스름 저기 저… 한 여자 몸이 온통 붉은 울음이다
나를 살지 못한 나는 없으므로… 조금만 더 울고 가야겠다
그 질긴 울음의 힘으로

향기 한 올 피어내
동굴처럼 캄캄한 세상 문 여는 저 풍란

실비아 플라스

사무실 한 귀퉁이
그림엽서처럼 꽂혀 있는 아가씨로
식탁 위 식은 찌개로 놓여 있는 아줌마로
그렇게 부르지 마세요
바늘에 꽂힌 표본상자의 나비처럼
테드 휴즈라는 남편의 아내로
식탁 위 밥처럼 사슬에 묶인
어머니로
그렇게 이름 붙이지 마세요
청춘을 익사시킨 여자 이야기
그 마지막 페이지에
끝-
이라고 써진 책처럼 결말 짓지 마세요
나는, 천개의 바람 속을 통과하며
끝없이 가고 있는 한 줄 시입니다

■해설

언어로 조명한 여성 내면의 심층

박 몽 구

(시인 · 문학평론가)

현대시의 가장 중요한 특질 가운데 하나는 감정의 낭비를 넘어 단단하게 응축된 언어를 사용하는 것이다. 또한 낡은 사전적 의미를 넘어 시어에 실로 다양한 의미의 공간을 열어놓는 것이다. 그렇게 함으로써 시인의 자유로운 영혼을 담고도 남을 시의 그릇을 확보할 수 있기 때문이다. 김현은 김현승의 시를 분석하면서, 그가 시의 전생애에 걸쳐 두루 사용한 시어 '보석'에 열네 가지 의미가 함축되어 있다고 분석한 바 있다. 또한 곽광수는 시인이 자신의 감정을 표현하는 데 형용사 대신 사물 언어를 채용하는 것을 가리켜 '관념의 육화' 라고 말하기도 했다.

김지희는 그동안 여성의 삶에 대한 자각을 중심으로

한 시들을 꾸준하게 형상화해 온 시인이다. 이 땅에서 살아가는 한 여성으로서의 자존감을 매개해 주는 소재들에 바탕한 시들을 꾸준히 발표해 왔지만, 최승자 등이 보여준 자학적인 정서나 남성적인 것들에 배타적으로 대립하는 정서와는 다른 면을 보여주었다. 즉, 여성 자신의 삶에 대한 자각과 본래적인 것을 찾기 위한 탐구 의식의 형상화에 관심을 보여주었다는 점에서 그만의 독특한 시세계를 갖고 있는 시인이다.

다른 한편으로 생경하게 자의식을 표출하거나 감정어를 남발하지 않는 가운데 자신의 마음을 담아내는 사물 언어를 집요하게 추구해온 시인이다. 그의 시들은 대부분 페미니즘의 정서를 담고 있음에도 불구하고, 실비아 플라스와 같은 고백파 시인들에게 흔히 보이듯 감정을 직접적으로 노출하는 형용사들이 적고, 관념을 잘 담고 있는 명사들로 대체되어 있는 걸 발견하게 된다. 이 같은 점들에 주목하면서 김지희 첫 시집의 시들을 함께 점검해 보기로 한다.

반성적 인식으로 일상을 들여다보다

김지희 시들은 멀리서 소재를 구하지 않고, 일상적인 삶의 주변에서 건져 올린 것들이 대부분이다. 남들은 그저 평범하게 스쳐 지나갔을 법한 소재들을 그만의 시각으로 들여다보면서, 새로운 의미를 견인해 내

곤 한다. 여행길에 만난 잔잔한 풍경 및 사물들일지라도 그의 눈을 거치면 보석 같은 의미를 새롭게 부여받는 것을 본다. 그것들은 그저 새롭다기보다 그의 삶을 새롭게 들여다보게 하고 반성적 인식을 갖게 하는 것들이다.

관곡지 연꽃 군락
악어의 입 깊은 곳에 박힌 어둠처럼
끝이 보이지 않는 관곡지 진창길
더 이상 가지 못하는 여자에게
온통 큰가시 돋힌 연꽃이 등을 내민다
힘없이 주저 앉으면
땅거미 캄캄한 밥 되지만
성성한 가시들 품어 안을 때
마을로 가는 길 열린다고
진흙탕 속에 혀 대신
심장이 말하는 큰가시연꽃은
밤의 어둠을 가시게 하는 촛불이다
바람소리 몇 섬 근심 몇 되
제 심장 아래 층층이 쌓아 올려
아프면서 꽃 피워 내 저리 밝고 눈부신가

온몸으로 낮고 축축한 길 사랑하며
검은 혀 너머에서 피어나는…

—「큰가시연꽃」 전문

이 시의 공간적 배경은 서울 근교에 있는 한 평범한

연꽃 자생지이다. 이곳 버려진 진창을 삶의 자리로 삼아 더없이 아름다운 꽃을 피우는 '큰 가시연꽃을'을 환유로 하여, 화자가 직면해 있는 현실을 투사하고 있는 작품이다. 시인은 직설법을 택하는 대신 가장 낮은 자리에 뿌리박고 살아가는 식물이 더없이 향기로운 꽃을 피우는 아이러니를 통하여, 자신의 내심을 대변하고 있다. 화자는 '끝이 보이지 않는 관곡지 진창길/ 더 이상 가지 못하는 여자에게/ 온통 큰가시 돋힌 연꽃이 등을 내민다'라고 언술함으로써 자신이 몸담고 있는 삶의 자리를 환기한다. 나아가 화자는 여성으로서의 자신이 선 자리가 진창일지라도, 그 같은 외양을 떠나 더없이 넉넉한 내면을 갖고 있음을 발견한다. '힘없이 주저앉으면/ 땅거미 캄캄한 밥 되지만/ 성성한 가시들 품어 안을 때/ 마을로 가는 길 열린다고/ 진흙탕 속에 혀 대신/ 심장이 말하는 큰가시연꽃은/ 밤의 어둠을 가시게 하는 촛불이다'라고 노래하는 대목이 그것이다. 자신을 어둠을 밝히는 '촛불'로 은유함으로써, 자신이 직면하고 있는 어려움도 적지 않지만 그것을 딛고 식구들에게 밝은 삶의 길을 열어주는 대지적 모성의 정신을 발휘해야 한다는 것을 암시하고 있다.

얼굴도, 가슴도 없이
몸통뿐인 모습이 민망하다

유럽 여행길에서 만난 이방인 친구

사지 다 잘리고
머리마저 날아간 불구의 토르소가
루브르 박물관, 고대 문명으로 가는 길 지키고 있다

얼굴이, 가슴이 잘려나간 그의 언어는 어디 있나

어둠을 뒤집어 쓴 저녁,
묘비처럼 외롭게 웅크리고 있는 글자들

밥벌이도 할 수 없고
가슴에 꽂혀있는 갈고리도
빼 내 줄 수 없다
세상 어둠의 빗장도 열지 못한다

캄캄하고 고요만 깊은데…

홀로 새벽을 밟고 있는
저 영혼의 썩지 않은
곧은 칼 한 자루!

–「토르소–시쓰기」 전문

김지희는 일련의 작품들을 통하여 이 시대의 여성들이 처한 삶의 자리를 잘 보여주고 있다. 하지만 시인은 직설적인 생각을 밝히는 형용사를 사용하거나 지루한 진술을 배재한 채 명징한 이미지를 지닌 시어들을 택한다. 가령 위의 시의 제재이기도 한 '토르소'가 그 같은 예이다. 팔이 잘린 토르소를 통하여 겉보기와는 달리 풍부한 내면과 불굴의 살아 있는 정신을 지닌 인간상을 펼쳐 보이고 있다. 화자는 유럽 여행길에서 만난 화려한 볼거리들을 다 젖히고, '얼굴도, 가슴도 없이/ 몸통뿐인' 토르소에 주목한다. 비록 적이 쳐들어온다 해도 대항할 수 없는 몸이지만 여행길에 만난 그가 새벽길을 묵묵히 지키고 있는 데 주목한다. 나날이 새로운 건물들이 들어서고 파헤쳐지는 가운데서 찬바람을 뿌리치며 굳건하게 자신의 자리를 지키고 있는 토르소를 보면서, 세상에는 몸 말고도 더 중요한 것이 있다는 인식에 도달하게 된다. '캄캄하고 고요만 깊은데…// 홀로 새벽을 밟고 있는/ 저 영혼의 썩지 않은/ 곧은 칼한 자루!' 라는 결구를 통하여 굽히지 않는 정신이야말로 사람이 살아 있다는 증거라는 믿음을 펼쳐 보이고 있다. 따라서 토르소는 불굴의 시 정신을 변함없이 지켜가는 시인을 상징하는 사물 언어이다. 김지희는 췌사를 배제한 가운데 자신의 내면을 담지한 사물 언어를 통하여 효과적으로 석류 알같이 절실하고도 다양한 의미들을 갈무리해내고 있다.

동류 의식으로 낮은 자리를 보다

김지희 시들은 자신의 개인사를 넘어 폄훼와 소외가 오늘의 여성들의 삶에 전반적으로 만연해 있음을 투시하고 있다. 하지만 시인은 이 같은 세계의 모습에 대하여 절망하거나 모순을 바로잡기 위한 선부른 파괴적 행동에 나서지 않는다. 오히려 자신의 내면을 투시하면서, 자신과 같은 상처를 앓고 있는 세계에 대한 동류의식을 확장해 감으로써 함께 극복해 가는 전략을 취하고 있디.

이정표 버리자 비로소 열리는 길 한가닥

(중략)

낙타는 나를 보고 사막을 찾는다
모래알 같은 날들 며칠 씩 곱씹어도
입안에서 물 한 방울 나오지 않는다
짐을 꾸린 가방 속에는 척박한 일용할 양식,
개척하지 않아 늘 그대로인 황량한 일상의 짐들 가득 차 버겁다

며칠을 달려가도 사막엔 길이 없다
덜컹거리는 무거운 짐을 메고 한나절을 가도 가도
반도 달려오지 못한 고비사막
내 목마름은 바닥을 보여
등에 짊어진 작은 신음소리 조차 내려놓고 싶은데
낙타는 한 방울의 물도 삼키지 않고 숨어 있는 힘으로 사막을 건너간다

눈앞에 보이는 그럴 듯하게 꾸며진 세상은 곧 사라지고 말 것이라 듯

한낮 땡볕이 절망으로 깊어져도
자기 몸속에 자라난 사막 짊어지고 가는 낙타의 눈에서
문득 길 한가닥 읽는다

—「몽골 시편–만달고비에서 만난 낙타」 부분

위의 시는 시인이 몽골 여행 중 몽골의 사막도시 만달고비에서 만난 낙타를 제재로 삼고 있다. '사막'과 '길'이라는 이항대립어를 제시하고 있는데, 통상적으로 전자는 무릇 우리가 회피하는 것이고, 후자는 너나없이 갈망해 마지않는 것이다. 사람을 길을 찾는 데 타인들이 세워놓은 이정표, 나침반 들에 의지하기 마련이다. 하지만 이 시의 화자는 첫 대목에 '이정표 버리자 비로소 열리는 길 한가닥'이라는 명제를 제시한다. 길은 이미 정해진 것이라기보다 스스로 천천히 찾아가는 것이라는 사유를 펼치고 있는 셈이다. 또한 '낙타는 한 방울의 물도 삼키지 않고 숨어 있는 힘으로 사막을 건너간다// 눈앞에 보이는 그럴 듯하게 꾸며진 세상은 곧 사라지고 말 것이라 듯'이라고 밝힘으로써, 당장 눈앞의 것보다 멀리 보는 눈을 가진 낙타에 주목하고 있다. 문명에 속한 나와 반문명에 선 낙타를 대비시킴으로써, 진정한 길은 자신이 지닌 내면의 힘으로 견디는 것이며 스스로 찾아가는 것이라는 사유를 내면화하고 있다.

화자는 그 같은 사유를 '자기 몸속에 자라난 사막 짊

어지고 가는 낙타의 눈에서/ 문득 길 한가닥 읽는다' 라는 구절로 집약하고 있다. 이 같은 낙타의 미덕은 화자 개인을 넘어 정신적 황폐에 직면한 이 시대의 사람들이 함께 공유해야 할 미덕일 것이다. 결국 시인은 사막을 걷는 낙타를 통하여 자신의 말을 대신하고 있는 셈이다. 그런 점에서 이번 시집에 실린 「몽골 시편」 연작은 주목할 만하다.

> 높은 곳에 서면 내가 잘 보일 것 같은 육교도
> 밝은 햇살 통해야 하는 지하도도 없는 그곳
> 티벳 유목민 마을에서
> 아무것도 쥔 것 없이 손등이 굳어 있는 한 여자
> 팔에 불거진 힘살 굽이치며 마니차를 돌린다
> 그 눈동자 산초 열매처럼 빛난다
> 잘 모른다고 하는 것은
> 경전을 넘어 진리와 통하나보다
> 나는 비만의 영혼을 가지고 있으면서도
> 불안의 소리들을 이야기하려고
> 프로이트의 정신분석을 밤새 읽는다 그래도
> 나를 깨울 수 없는 어둠,
> 풀리지 않은 꿈을 안고
> 자동차 속도에 밀려
> 누구 의지로 가는 길인지도 모르는 길을 간다
> 어지쯤 생은 와 있는 걸까
> 유목민 마을에 지친 몸을 내려놓는다
> (중략)
> 영혼 없이 머리로 많이 안다는 것으로 결코

진흙 속에서 연꽃을 피우게 하지 못한다는 것을…
티벳 유목민 마을
연꽃 툭툭 깨어나는 소리를 안고
또 다시 나를 건너가야만 할 길 있어
길 없는 길 떠난다

–「마니차를 돌리다」 부분

이 시의 제재가 되고 있는 마니차는 불교 경전이 새겨져 있는 통이다. 문자를 모르는 티벳인들은 이 통을 한번 돌리면 거기 새겨진 불경 한권을 읽은 것과 같은 것으로 친다. 화자는 '잘 모른다고 하는 것은/ 경전을 넘어 진리와 통하나보다' 라는 구절을 통하여 안다는 것에 대한 의문을 제기한다. 일생을 초원을 배회하며 살아가고 문명의 이기라곤 누린 적이 없어도 평화로움을 잃지 않는 티벳 유목민 여인을 보며, 보이지 않는 내면에 쌓는 것이야말로 진정한 것임을 문득 깨닫게 된다. 그 같은 사유는 '영혼 없이 머리로 많이 안다는 것으로 결코/ 진흙 속에서 연꽃을 피우게 하지 못한다' 는 대목에 집약되어 있다. 이 시를 통해 시인은 눈앞의 보이는 것에만 집착하는 현대의 삶에 문제를 제기하는 한편, 불가시적인 것에 더욱 큰 가치가 있다는 사유를 펼치고 있다.

이 같은 일련의 시들을 통해 시인은 결핍, 소외, 갈등 등 일상에서 우리가 만나는 것들은 결코 배제의 대상이 아니며 사랑으로 함께 껴안을 때 상생의 세계가 열린다는 사유를 내면화하고 있다. 이처럼 눈앞에 드러난 것과 그 너머에 은폐되어 있는 세계를 바꾸어 보는 아이러니는 김지희의 시적 사유의 중요한 토대가 되고 있다.

> 무관심도 관심인 듯 닫혀있는
> 아이의 방문 사이에는 말이 없다
> 저녁노을이 많다 그래도
> 서로를 태운 빛으로 별이 되어 어둡지 않다
>
> –「촛불」 부분

> 바닥에 고이는 그것이 향수입니다
> 향수 컨셉은–아무도 돌아보지 않는 가슴에 흐르는 바다의 물살입니다.
> 향수 이름은–내안의 바다, 불혹의 암살,
> 그로테스크… 어떤 이름이라도 붙일 수 있습니다.
> 당신의 자유입니다.
>
> –「향수 만들기」 부분

몇 편의 시들은 하나같이 전복적 사고를 바탕으로 하고 있다. 어머니의 낡은 신발에서 비탈을 느낀다든지, 아이의 닫힌 방문에서 침묵이 아닌 무수한 대화를 읽는다든지, 일하는 사람들의 바닥에 흘린 땀에서 향수를 보는 것은 오도된 세계를 바로잡고자 하는 데서 우리는 시인의 맑은 눈을 만난다. 고정관념을 깨고 서로에게 다가감으로써만 세계는 새로워지고 막힌 길을 넘어 함께 갈 힘이 생긴다는 사유를 담지하고 있다. 이것이 곧 페미니즘을 넘어 김지희의 시세계를 확장시키는 한 동인이다.

여성 시의 새로운 전망

한잔 노동이 넘실대는 부엌에는
여자의 일생이 부조되어 있다

엄마 허벅지 베개 삼아 달게 잠들었던 소녀가
캄캄해 보이지 않는 새벽 어스름
잠든 아이의 꿈자리를 지나
슬그머니 부엌에 나가 불을 켠다
문득 완전한 어둠 속에 던져졌던 세상 한 곳이 환하다
옹이 박힌 가슴으로 숭숭 새는 물소리를 잠근다
부엌 속에 갇혀 맵고 짜고 달고
가끔 바삭바삭 타는 소리 너머
나는 세상으로부터 아주 멀리 떨어져 나온
존재하지 않은 가을이었다
부엌에 앉아 작은 상을 성좌처럼 펴고
나의 언어를, 별을 찾다가 웅크린 어깨선이
어느 파도에 부딪혀 무너지는지 속이 거북하다
살다 남은 시간을 쪼개고
찬 손을 비비고
싱크대 속에 갇혀 몇 년째 속앓이 한 냄비를 닦고
예리한 어둠에 그을린 낯선 도시를 헹구며
깊은 수심(水深) 속에 기둥을 세우고 국을 끓인다

파, 시금치 온통 날것인 것들이 불꽃으로 저를 살라
새로운 맛을 낸다
모든 사랑의 고통의… 뉘우침으로
한 그릇을 위한 부엌의 노동엔 어떤 해석도 필요치 않다
성찬식 밀떡처럼 작은 평화를 입에 물고
부조의 문을 밀고 나와
식구들의 잠든 귀를 깨끗하게 여는 저 폐경기의 새벽!

–「가을, 낯선 도시를 헹구다」 전문

영주일보 신춘문예 당선작이기도 한 위의 작품은 김지희 시의 특질을 잘 보여준다. 부엌이라는 작은 공간과 함께 여성의 가사노동을 제재로 하여 구축된 작품이다. 지극히 작은 사랑의 노래임에도 불구하고, 한 땀 한 땀 이부자리를 누비듯 잔잔하게 언어의 결을 살려감으로써 감동을 자아내는 수사의 힘이 느껴진다. 비록 작은 소재지만 적재적소에 명징한 이미저리들이 정적 모티프로 더해져서, 우리 시대의 여성의 삶의 곡진한 국면들이 새롭게 다가온다. 화자는 첫 대목에서 '한 잔 노동이 넘실대는 부엌에는/ 여자의 일생이 부조되어 있다' 고 함으로써 현실 속 여성의 삶이 제한되고 유폐되어 있음을 암시한다. 하지만 이 시는 페미니즘을 앞세운 고발에 머물지 않고 가사노동이 갖는 의의를 확장한 데서 설득력을 갖는다. 결구에서 '부조의 문을 밀고 나와/ 식구들의 잠든 귀를 깨끗하게 여는 저 폐경

기의 새벽!' 이라고 노래함으로써, 사랑은 소멸을 넘어 함께 살아가는 이들에게 희망의 등을 거는 일임을 환기시키고 있다. 화자는 '폐경기' 와 '새벽' 이라는 상반된 시어를 은유의 고리로 연결시킴으로써 모성은 늙어가는 법이 없이 늘 새롭게 태어난다는 인식을 내면화하고 있다.

잘 만져지지 않는 겨울 끝자락
설핏한 해를 달래며 만두를 빚는다
허기진 저녁을 채울 반두 빚으려면
각각 따로 노는 것들이 없도록
제 살 여미듯 다듬은 육류며
어둠을 마시는 풀잎
달의 큰 통 안에 있는 여자,
그림자 애인까지 모두 잘 여며
피 속으로 끌어안아야 한다

(중략)

껍질과 속을 구분해서 먹으면
고비고비 넘어온 사람살이 맛까지 없어진다
영혼을 채워주지도 못한다
구멍 난 양말 같은 시대에
계산하고 재는 연인들 가슴 속 열어 보면
깨진 유리조각처럼 상처가 알알이다
유리에 새겨진 모자이크 사랑보다
통째로 쏟아 붓는 사랑을 위해

온몸 사르는 불을 지핀다
꿰매진 사랑 그 조각보를 볼 때마다
봉재선 사이사이 한 여자의 살점이 묻어나는 것 같다
온 몸 조각조각 붙여진
아내 어머니 며느리 딸… 그 모든 모습들을 녹여
온전한 한 사람을 빚는다
난파된 구름 조각 같은
꿈을 한데 모아 만두를 빚는다

(중략)

무수한 달의 이야기 품은 온전한 여자를 빚는다
–「여자의 시간을 통째로 넣고」 부분

위의 시는 만두를 빚는 과정을 빌어 시인의 여성상를 설득력있게 형상화하여 보여주고 있다. 화자는 '허기진 저녁을 채울 만두 빚으려면/ 각각 따로 노는 것들이 없도록/ 제 살 여미듯 다듬은 육류며/ 어둠을 마시는 풀잎/ 달의 큰 통 안에 있는 여자,/ 그림자 애인까지 모두 잘 여며/ 피 속으로 끌어안아야 한다' 라고 말하고 있다. 만두 빚는 일은 여성의 삶 가운데서 일부에 해당하는 제유(提喩)이다. 만두에 들어가는 풀잎, 여자, 그림자 애인 들을 아울러 피 속으로 끌어안아야 한다고 말함으로써, 모성은 자신의 이익을 떠나 모든 존재들을 사랑으로 끌어안는 존재임을 환기시키고 있다. 이로써 시인은 여성을 단자화하고 왜소한 존재로 만드는 제도와 인습에 대하여 단호하게 거부의 몸짓을 취하지만, 다른 한편으로 고통을 당하는 이웃들과 모성의 보살핌을 기다리는 아이들에게 더 없이 따스하고 포근한 품을 내미는 존재이기도 하다는 사유를 설득력 있게 펼치고 있다.

화자는 '구멍 난 양말 같은 시대에/ 계산하고 재는 연인들 가슴 속 열어 보면/ 깨진 유리조각처럼 상처가 알알이다/ 유리에 새겨진 모자이크 사랑보다/ 통째로 쏟아 붓는 사랑을 위해/ 온몸 사르는 불을 지핀다/ 꿰매진 사랑 그 조각보를 볼 때마다/ 봉재선 사이사이 한 여자의 살점이 묻어나는 것 같다' 라고 말함으로써, 모성은 상처나고 헝클어진 마음들을 한데 모으는 존재라는 점에 주목하고 있다. 그렇게 갈라진 세계를 하나로 묶어내는 정신이야말로 '온전한 여자' 의 으뜸가는 품성임을 직시하고 있다.

바다를 뒤집는다
파도치던 시간만큼
바다는 팽팽해지고 짭짤한 맛이 든다

(중략)

푸른 바다를 길들이는 여자
여자의 고여 있던 시간이 뒤집히고
그 여자를 묶고 있던

좁은 서랍장이 보석함이 뒤집히며
갑갑한 상자 같은 집에 짭짤한 맛이 고인다

여자 등 뒤에 감추어져 있던 숨은 바다가 일어선다
－「자반고등어를 구우며」 부분

무감동인 광고의 성찬 속에 주저앉아
대어를 찾느라 분주한 여자에게

지금 달콤한 것들은
날카로운 이빨과
보이지 않는 전생까지 다 먹어 들어가
한줌 부스러기로 보수할 길 없는
위태로운 마음 만든다고
날선 비늘로 짠 소리 하는 바다
풍성한 세상 속에서
정말 필요한 것들은 광고 전단지 밖으로 던져져
시들한 채 버려져 있고
바겐세일에 편승하여 산 불필요한 물건들이
여자를 무쇠로 빚은 추처럼 짓누른다
무거운 짐 내려놓고

굴비 한 죽 집어 들자 깨어나는 바다
죽은 줄 알았던 여자를 일으킨다
－「바다마트에서」 부분

두 편의 시들 다 여자의 삶을 제재로 한 작품들이다.

하지만 디테일한 진술보다는 조각보를 맞추듯 명징한 이미저리들이 잘 어울리도록 배치한 것을 알 수 있다.

앞의 작품에서 화자는 '푸른 바다를 길들이는 여자/ 여자의 고여 있던 시간이 뒤집' 힌다고 언술함으로써, 여성의 노동은 도로가 아니며 고여 있는 시간을 살아 있는 시간으로 바꾸는 것이라는 사유를 펼치고 있다. 생선을 뒤집는 행위를 '푸른 바다' 를 뒤집는 행위와 연결시킨 메타포가 신선하다. 결구에서 '여자 등 뒤에 감추어져 있던 숨은 바다가 일어선다' 는 이미저리를 제시함으로써 노동을 통해 한 인간으로 거듭나는 여성의 삶에 대한 긍정과 찬사를 보내고 있다.

뒤의 시에서는 겉과 속이 다른 세계의 내면을 들추면서, 그를 통해 인간다운 삶의 자리를 회복해야 한다는 강한 메시지를 읽을 수 있다. 바다가 없는 가운데 '바다 마트' 라고 붙여놓은 아이러니를 통해 겉과 속이 다른 상혼에 대한 비판의 시선을 느낄 수 있다. 화자는 '무감동인 광고의 성찬 속에 주저앉아/ 대어를 찾느라 분주한 여자에게// 지금 달콤한 것들은/ 날카로운 이빨과/ 보이지 않는 전생까지 다 먹어 들어가/ 한줌 부스러기로 보수할 길 없는/ 위태로운' 세계라는 사실을 환기하고 있다. 또한 불필요한 물질들의 풍요 속에 짓눌려 있는 정신을 가리켜 '정말 필요한 것들은 광고 전단지 밖으로 던져져/ 시들한 채 버려져 있고/ 바겐세일에 편승하여 산 불필요한 물건들이/ 여자를 무쇠로 빚은 추처럼 짓누른다' 고 지적한다. 시인은 이에서 벗어나는 길은 '무거운 짐' 을 내려놓는 일이라는 점을 분명하게 제시하고 있다. 나아가 '굴비 한 죽 집어 들자 깨어나는 바다/ 죽은 줄 알았던 여자를 일으킨다' 라고 결구함으로써, '굴비 한 죽' 으로 상징되는 여자의 깨어 있는 소비, 살아 있는 정신이야말로 세계를 바로 돌려놓는 큰 힘이 된다는 사실을 환기하고 있다.

김지희는 등단 이래 줄곧 우리 시대 여성의 위상을 환기하는 시들을 창작해 왔다. 인간으로서의 꿈을 펼쳐가기에는 마땅치 않은 좁은 자리와 편견에 대해 지적해 왔다. 하지만 그는 자학적 고백으로 시종하거나 세계와 남성에 대한 투쟁으로만 시각을 좁히는 대신, 함께 삶의 멍에를 짊어진 이웃들과 세계에 대한 연대를 꾸준히 모색해 왔다. 이번 시집은 그런 점에서 우리 시대 여성의 자리에 대한 비판적 인식과 함께, 낮은 자리에 있는 사람과 세계를 향한 연대의 목소리를 담았다 해도 과언이 아닐 것이다. 그것은 자신이 핍박받을 때에는 불굴의 투지를 보이다가도 어려운 사람들을 만날 때에는 자신을 버리고 더없이 따스한 사랑으로 감싸는 '코라' , 즉 대지적 여성상과도 통한다.

한편으로 직설적인 언어를 배제하고 지극히 절제되고 명징한 이미지리들로 조각보를 깁듯 아라베스크를 완성해 가는 장관을 보여주었다. 페미니즘 시와 이미지의 조화라는 그 나름의 시세계를 구축하고 있다. 그런 점에서 김지희의 시는 우리에게 그만의 독특한 세계를 펼쳐 보이고 있다 할 것이다. 그의 시가 더욱 깊이를 더하여 단단한 일가를 이루기 바라면서 조촐한 논의를 마친다.

■시인의 말

무수한 말들이 오가는 사람과 사람 사이의 명료한 직설법이 마음에까지 와 닿지 못해 허기질 때가 있다. 그럴 때 詩를 통하면 섬과 섬 사이에서 따스한 체온을 느낄 수 있을까? 내 언어가 고비사막 한복판을 지나 머나먼 별에서 온 따스한 말이기를… 한여름에도 온기가 그리운 나는 시 속으로 몸을 담근다.

2015년 여름
김지희

토르소

찍은날 2015년 7월 5일
펴낸날 2015년 7월 15일
지은이 김지희
펴낸이 박몽구
펴낸곳 도서출판 시와문화
주 소 (431-852) 경기 안양시 동안구 경수대로 883번길 33
비산동 꿈에그린아파트 103동 204호
전 화 (031)452-4992
E-mail poetpak@naver.com
등록번호 제2007-000005호 (2007년 2월 13일)

ISBN 978-89-94833-11-8(03810)

정 가 10,000원